SHODENSHA
SHINSHO

日本の鯨食文化

――世界に誇るべき〝究極の創意工夫〟

小松正之

JN262803

祥伝社新書

今ある鯨食文化の骨格は、すでに江戸時代にはほぼ完成していた。今も変わらぬ豊かな捕鯨の歴史、皮・内臓・骨にいたるまで大切にする「一頭を食べ尽くす」鯨食文化は世界広しといえど、どこにも存在しない、我が国固有の美徳である。

このままでは、祖先が営々と築いてきた豊かな鯨食文化の灯《ともしび》が消えてしまうのではないかと危惧《きぐ》せざるを得ない。また、若い人々の心に「外国が正しく、日本が間違っている」という誤った認識が浸透してしまったら、アングロサクソン国家の誤った抑圧に屈し、日本と世界の自由主義、民主主義が終わってしまうとの危機感も抱《いだ》かざるを得ない。一人でも多くの若い人たちにクジラを食べてもらい、世界に誇る鯨食文化とそれを支える捕鯨に目を向けてもらう必要がある。また日本は、国際社会に向かって、正しいこと、いうべきことを冷静に主張する「説明責任」があることを認識すべきであろう。世界食糧危機など、混迷を深める現代だからこそ、読者にも勇気をもって行動してほしいと願い、本書を執筆することにした。

過日、日本政府は、反捕鯨団体「シーシェパード」の暴力行為に屈し、今期の南氷洋《なんぴょうよう》における調査捕鯨の中止を決定した。八五〇頭の予定だったミンククジラは、一七〇頭しか捕獲できていない。庶民の食卓から鯨肉がすさまじい勢いで遠ざかっていく。政府は、いったい何を、どれほど深く考えて中止決定したというのか。「事なかれ主義」で断念にいたったのであれば、それこそ反捕鯨国や団体の思うツボだ。

二〇一一年三月一一日、東北地方太平洋沿岸部は大震災におそわれた。わたしは、四月から五月にかけて、宮城県の石巻《いしのまき》、女川《おながわ》、気仙沼《けせんぬま》、岩手県の陸前高田《りくぜんたかた》、大船渡《おおふなと》といった被災地を回り、その被害の大きさに言葉では表現できないほどの衝撃を受けた。

こうした被災地には、鮎川《あゆかわ》（宮城県）や和田《わだ》（千葉県）といった現在の沿岸小型捕鯨基地、最近まで大型捕鯨基地であった女川、岩手県の釜石《かまいし》や山田《やまだ》が含まれている。また、石巻や我が故郷《ふるさと》、陸前高田市広田《ひろた》町は、南氷洋捕鯨に多くの乗組員を提供した。これからは、捕鯨も新しく生まれ変わらなくてはならない。そのために、三陸沖の捕鯨と、東北地方から数多くの乗組員を送り出している南氷洋の捕鯨活動と、そこからもたらされている鯨食の意義はいっそう大きくなった。

わたしは、我が国の尊厳と、正当な主張と、先人が営々と築いてきた豊かな鯨食文化を守るため、あらゆる不当な圧力に屈することなく、捕鯨に関する日本のありのままの姿と外国の主張の誤りを国際社会に訴えていこうと決意をした。本書はその第一歩である。

二〇一一年六月

小松正之

日本の鯨食文化——目次

第三章　日本全国の鯨食文化を訪ねて　149

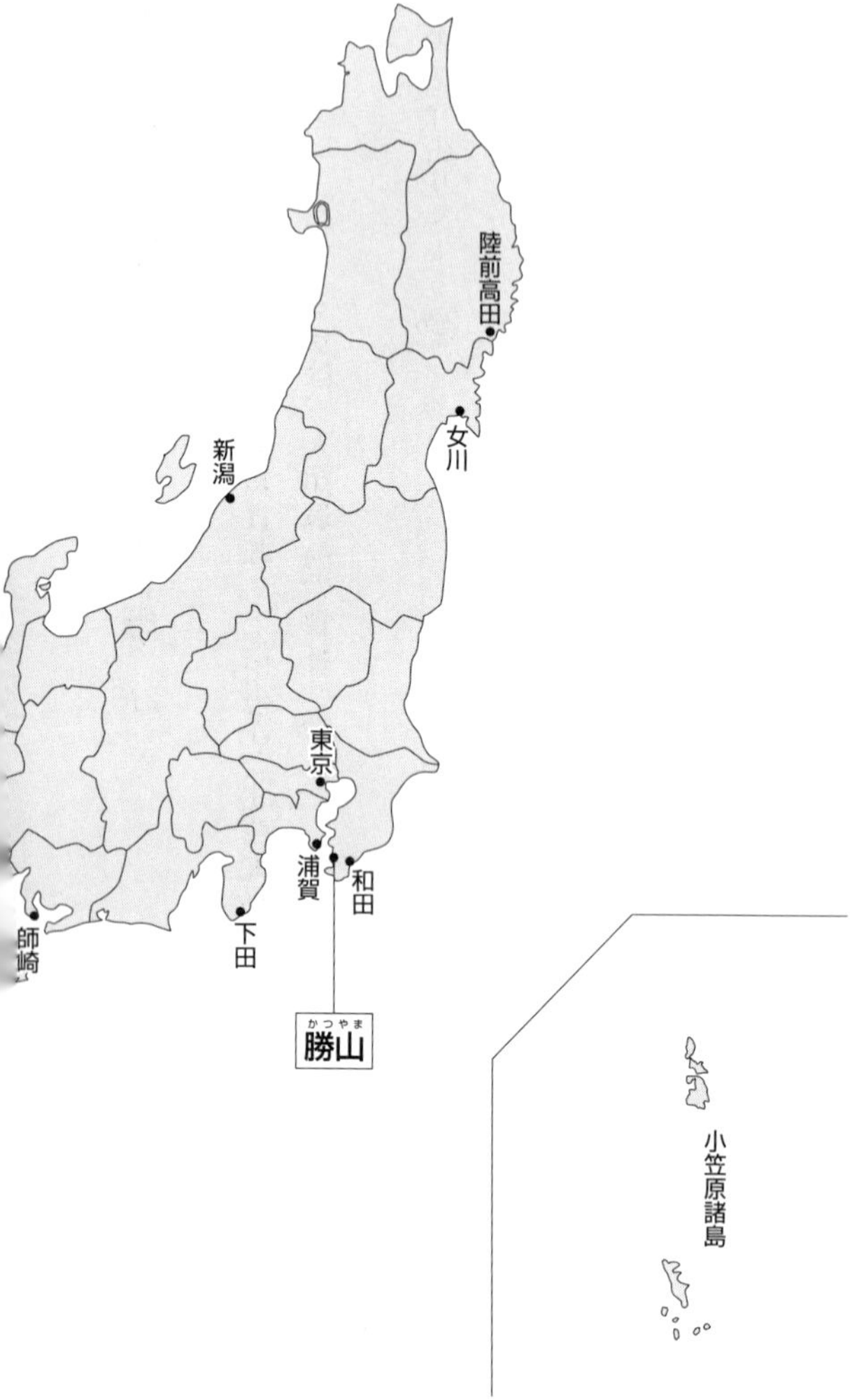
陸前高田
女川
新潟
東京
浦賀
和田
師崎
下田
勝山《かつやま》
小笠原諸島

本書に登場する地名

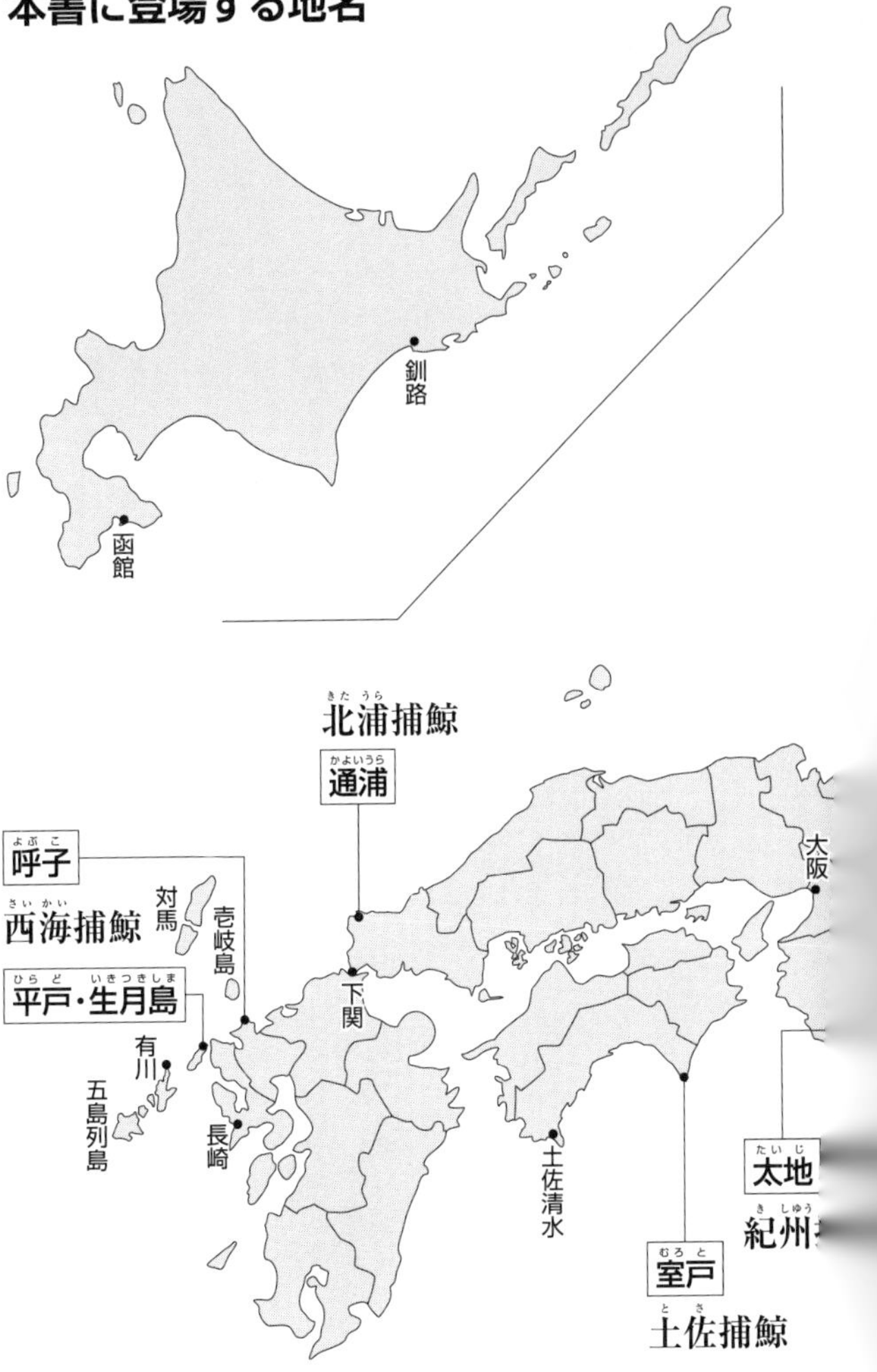

釧路
函館
北浦《きたうら》捕鯨
通浦《かよいうら》
呼子《よぶこ》
西海《さいかい》捕鯨
対馬
壱岐島
平戸《ひらど》・生月島《いきつきしま》
有川
五島列島
長崎
下関
大阪
土佐清水
室戸《むろと》
土佐《とさ》捕鯨
太地《たいじ》
紀州《きしゅう》

序章　クジラが大衆食だった時代

1、日本人を救ったクジラ

マッカーサー、捕鯨を再開させる

戦後、日本人の空腹を満たしたのはクジラだった。人も家も失い、有史以来の甚大《じんだい》な犠牲を被《こうむ》って戦争を終えたとき、人々は飢餓《きが》にあえいでいた。その窮地を救ったのがクジラである。戦後の焼け野原にあって、米も肉も野菜もなくありとあらゆる物資が欠乏し、資源に乏しく、貿易も自由にできない時代、捕鯨は深刻な食糧難を打開する目的で再開された。そして鯨肉を日本にもたらしたのである。

第二次世界大戦後、GHQ（連合国軍最高司令官総司令部）の間接統治下におかれた日本は、戦後の食糧難の混乱と国民の極度の栄養不足を打開する必要性に迫られていた。

GHQのマッカーサー元帥《げんすい》は、一九四五年、小笠原《おがさわら》諸島で捕鯨活動の再開について「日本には引き続き食料不足の事態が生じている。捕鯨船と熟練した乗組員を擁《よう》している日本は、自らの生命を維持するために食料を確保し……」として、沿岸捕鯨を再開させた。そして、一九四六年には日本が南氷洋《なんぴょうよう》に出漁するのを許可した。

ところで南氷洋は、人類にとっては最後に発見された海だった。ノルウェーが、一九〇四年にアルゼンチンとの合弁会社を設立して、はじめて捕鯨をおこない、一九二四年からは、母船式捕鯨を開始している。日本が、南氷洋に進出したのは一九三四（昭和九）年のことである。

南氷洋および南極大陸は、石油、天然ガス、マンガンなどの豊かな鉱物資源を持ちながら、世界中のどの国家にも属していない。過去、南極大陸の領有権を主張した国々がいくつかあったが、一九五九年以降、南極大陸の平和利用と国際協力を目指した南極条約によって領土権の問題は、それを主張するクレイマント（オーストラリア、ニュージーランド、イギリスなど）と、主張しないばかりか、他国の領有の主張をも認めないノン・クレイマント（ロシア、日本、ドイツなど）に分かれている。

南極条約は、全人類のための南極地域の平和と科学的利用を目的としている。したがって、日本はそこで堂々と「調査捕鯨」をおこなう権利と国際的責任を有しているのだ。

ところで、戦後、アメリカをはじめとした連合国の間接統治下におかれた日本にとって、鯨類資源の豊富な南氷洋での捕鯨は、食料安全保障の一環といえたのである。もちろん捕鯨国は我が国だけではない。他にも、イギリス、ノルウェー、オーストラリア、ニュージーランドなど、戦前から南氷洋捕鯨に関与していた捕鯨国各国は、自国の捕鯨権益が脅《おびや》かされるとみて、日本の進出に激しく反発した。現在のような「反捕鯨」を理由として反対していたのではない。

しかしマッカーサー元帥が、「南氷洋での捕鯨活動を認めないのであれば、代わりとなる食料支援・財政支援をすべきだ」と反論。イギリスをはじめとした連合国各国は、アメリカと同じ「戦勝国」側であったが、自国が第二次世界大戦の主戦場となったため、戦後の復興で他国を支援する余裕などなかった。結局、同元帥の強硬《きょうこう》な意志によって、日本の捕鯨再開は認められた。

南氷洋捕鯨は、日本が戦後の食糧難から脱出することと、造船などを通じて工業技術の発展に大きく貢献することになった。

鯨肉の食材としての優位性は、美容や健康、食品アレルギーなど栄養学的観点から見ても、食味や風味においても、群を抜いている。そのため、食糧難の打開という緊急避難的な国策であったとはいえ、捕鯨によって国民の食生活を養うという選択は、今から振り返ってみても最善の選択であった。当時の衆議院はマッカーサー元帥に対し、捕鯨再開に関する感謝の国会決議をおこなっているし、一九四七年二月、約三四〇トンもの鯨肉を積載して、南氷洋の捕鯨から帰還した鯨肉運搬船・第三十二播州《ばんしゆう》丸が東京の築地《つきじ》港に入港した際には、熱狂的な歓喜に国民が沸《わ》いた。

学校給食の主役だった

戦後の食糧難を救った鯨肉であったが、その主な提供先の一つが学校給食であった。

一九六〇年、東京都における学校給食費は、一カ月平均で三八〇円。一食あたりに換算すると、約一五円という低予算であった。負担する側からすれば支払う額が少ないということは大きなメリットだが、栄養価も低いのでは困る。そこで、安価で栄養価が抜群に高い鯨肉を用いることで、学校給食制度の要望を完全に満たしたのである。

当時の給食のほとんどは、コッペパンに牛乳、主菜（おかず）一品という献立が中心だった。それを一食あたり一五円でまかなうのである。一食あたりに使用しなければならない魚や肉の「使用量最低基準」が、「日本学校給食会（現在は日本スポーツ振興センター）」によって定められている。

そのため、献立を考案する栄養士は、鯨肉をキャベツやタマネギ、ジャガイモなどと炒めた「クジラの炒め煮」「クジラの味噌煮」「焼きクジラ」にはじまり、油で揚げた鯨肉をケチャップソースで煮込んだ「クジラのノルウェー風（クジラのオーロラソース）」や、「酢クジラ」「クジラのボルシチ」「クジラのフライ」など、日本独自の「洋食」的メニューを次々に生み出していった。当時の献立を振り返ってみても、そのクジラ料理のバリエーションの豊富さと関係者の努力には驚嘆させられる。

高度経済成長を迎えつつあった時代とはいえ、給食を一カ月あたり三八〇円でまかなうということは大変なことである。事実、同時期の一世帯あたりの平均食費は一カ月あたり約一万三〇〇〇円に達していた。それにくらべてみれば、学校給食制度の優秀さは特筆すべきである。

当時の資料を見ると、関係者の苦心のすえに生み出されたクジラ料理は、児童たちにも評判であったようだ。クジラ料理が「カレーシチュー」や「揚げパン」などと並ぶ、人気メニューであったのである。タンパク質含有率が高く、ビタミンや各種鉄分も多く含み、バラエティ豊かなクジラ料理は、学校給食の主役だった。

そんなクジラ料理の中でも、とりわけ人気があったのは「クジラの竜田《たつた》揚げ」である。昭和三〇～四〇年代にかけて、学校給食を味わってきた人であれば、まずほとんどの人が「クジラの竜田揚げ」を思い浮かべる。それほど「クジラの竜田揚げ」は頻繁《ひんぱん》に学校給食献立表に載《の》っていたし、各種のリクエストメニューでもこれがあげられていた。

「クジラの竜田揚げ」は、赤肉と呼ばれる背中から腹あたりの部位を使用する。これを削《そ》ぎ切りにし、生姜醬油にひたして染みこませ、片栗粉をまぶして油で揚げる。クジラの赤肉は、白身とくらべてあっさりしており、独特の固さもあったが、しっかり染みこんだ生姜醬油の香り、嚙《か》み締めるほどに口の中にじんわりと広がる滋味は、栄養分を豊富に感じさせる味である。

しかし学校給食の王者的地位を占めていた「クジラの竜田揚げ」も、現在の学校では食べられていない。「商業捕鯨のモラトリアム（一時停止）」によって、鯨肉の供給量が不足し価格も高騰《こうとう》したことと、牛肉、豚肉、鶏肉など他の畜肉が、大量生産により、安価で供給されるようになったためである。

食べたことがないために、当然、今の子供たちも「クジラの竜田揚げ」を知らない。また、大人世代も徐々に「クジラの竜田揚げ」の味わいを忘れつつある。

鯨肉の供給を大きく減退させることとなった「商業捕鯨のモラトリアム」には、法的、科学的に支持できる根拠などまったくなかった。それなのに、米国などから圧力を受けたとはいえ、どうして資源の豊富な南氷洋とともに、日本の主権的管轄権《かんかつ》の下にある沿岸捕鯨まで止めなければならなかったのだろうか。当時の日本政府に本当に不思議なことが起こったものである。

2、「クジラの竜田揚げ」が消えた日

なぜ、IWCが設立されたか

クジラを捕獲し、食材として流通させるという捕鯨活動に、「国際」の概念が入ってきたのは、幕末以降の近現代である。「国際」とはインターナショナルの訳語で、国と国との交際的な意味を持つ。国と国との交際であるから、そこには当然、お互いの思惑《おもわく》や利害関係が複雑に絡《から》んでくる。

我が国の捕鯨も、もともとは幕末から明治にかけて、日本の近海で捕鯨をする米英等の帆船捕鯨船の乱獲《らんかく》の影響を受けたのが、国際化のはじまりであった。明治期の後半には、西洋の技術を習得し、西洋型の近代捕鯨を開始した。そして、明治期の技術と資本の蓄積を経て、一九三四（昭和九）年に、日本は南氷洋捕鯨に進出する。戦前に国際捕鯨条約が

締結されていたが、加盟すれば西洋に圧迫され、阻害《そがい》されると恐れた日本は非加盟国で通した。

戦後すぐ、主にアメリカをはじめとした捕鯨国各国が、戦前の乱獲を反省し、科学的根拠に基づく捕鯨の確立と、捕鯨業の健全な発展を目的とし、一九四六年に締結した「国際捕鯨取締条約」に基づき、一九四八年に設立したのが、ＩＷＣ（International Whaling Commission　国際捕鯨委員会）である。

日本はその条約策定の交渉には参加させてもらっていないが、サンフランシスコ講和会議に先立ち、一九五一年の第三回年次総会から参加を認められた。

ＩＷＣは、最初はロンドンの農業食糧省に置かれていた。現在、その本部は、イギリスを代表する学園都市であり、同時にハイテク産業集積地としても知られたケンブリッジに移されている。「科学」「技術」「財政運営」「保護」の四委員会をもって構成している。

科学委員会は、鯨類資源の状況を評価し、捕獲頭数などの科学的勧告をおこなう。技術委員会は商業捕鯨活動の取締りなど技術的な側面について協議する場であり、「国際捕鯨取締条約」に違反している事案などを調査する違反委員会などがあった。また、財政運営委員会は、委員会の運営や、科学調査の実施などに必要な費用や予算について検討する委員会である。

ＩＷＣ年次総会の目的を端的にいえば、翌年の捕鯨期間にどれだけのクジラ類を捕獲してよいのかという議題に関して討議し、捕獲頭数の設定について、国際的な合意を得ることである。

ところが、ＩＷＣ年次総会では、捕獲頭数の決定が科学的根拠に基づいてなされることはなく、条約の目的である乱獲防止ができなかった。しかし、それは「新管理方式」の決定や「国際オブザーバー」の導入などをおこなった一九七〇年代以前のことである。

その理由は各国それぞれの立場から、いくらでもあげることができるが、結局は、各国が第二次世界大戦以前の捕鯨によって得られる「鯨油《げいゆ》」の生産調整という発想から、なかなか抜け出すことができなかったことが大きい。クジラを食べるために捕《と》るのか、クジラから油を搾《しぼ》り取るために捕るのかという、捕鯨国各国のスタンスの根本的な違いである。

そのため、条約締結以後も二〇年以上の長きにわたって乱獲が防がれることはなかったのである。

数千年も前からクジラに親しみ、クジラを捕獲し、食材としてきた日本人にとってはまったく信じられないことだが、当時のノルウェーやイギリスなどの主要捕鯨国にとって、捕獲したクジラの八、九割近くが不要であった。脂皮と骨から得られる鯨油以外の、肉や内臓などはすべてその場で捨てていた。

鯨油は、石油の登場以前の日常生活や機械産業の大部分を支える重要な役割を果たしていた。いわば捕鯨は、産業革命以降の大規模集積型「工業」と同様の構造を有しており、西洋諸国は、鯨油の高値安定のために、鯨油生産の制限、すなわちクジラの捕獲を制限するための「国際的なカルテル」を求めていた。

クジラを捕獲するには、人員を雇い入れ、船団を組み、遠い海洋を目指して捕鯨に向かうというさまざまな負担が生じる。その負担はいうまでもなく膨大《ぼうだい》だ。膨大な負担をし、各種のリスクを背負って確保した鯨油が、そう簡単に値下がりしてしまっては困るのである。

条約の締結理念が、クジラ類の保護ではなく、「鯨油」の生産調整にあったことから、その乱獲防止の方策もまた、鯨油の需給という視点から考案されることになる。

ＢＷＵ（シロナガスクジラ換算単位）

ＩＷＣが導入した漁獲制限のためのプランは、「ＢＷＵ（Blue Whale Unit）」と呼ばれた単位であった。ＢＷＵとは、一般に「シロナガスクジラ換算単位」を意味する。単位をクジラに換算するという耳慣れない表現であるが、簡単にいえば、地上最大の哺《ほ》乳類シロナガスクジラから搾り取れる「鯨油」を「一単位」とする。これが一ＢＷＵである。たとえば、ＩＷＣの年次総会で決定された、南氷洋母船式捕鯨の捕獲枠の頭数が、一万六〇〇〇ＢＷＵであれば、それは一万六〇〇〇頭のシロナガスクジラを捕獲してよいということを意味する。

シロナガスクジラ一頭から搾り取れる鯨油は約一万四〇〇〇リットルであるから、一万六〇〇〇ＢＷＵであれば、条約加盟国全体で二億二四〇〇万リットルの鯨油を確保してよいことになる。そして鯨油の量に換算して、ナガスクジラやザトウクジラなど、他の種の捕獲可能頭数を割り出していくのである。ＢＷＵ方式は、生物学的には乱獲防止の役に立たず、捕鯨国各国の乱獲競争を防止できなかった。それでも何の制限もないよりかはましだった。

ところで、南氷洋母船式捕鯨に適用されたBWU方式には、国別とクジラの種類別の捕鯨可能頭数の制限がなかった。その年の合意を得たBWUが一万六〇〇〇であれば、その数量に達した時点でIWCはその年の捕鯨操業を停止する。理論的には、ある大国が一国単独でクジラを一万頭捕獲しようとも一万六〇〇〇頭捕獲しようともまったく問題がなかった。さらにBWUの単位が「鯨油」であることから、捕獲するクジラの種類を問わない。問題がないのであれば、一度で迅速かつ大量の鯨油を得られる「より大型のクジラ類」を狙う。

かつては南氷洋だけで三三万頭近くもいたといわれるシロナガスクジラが、今日、二〇〇〇頭を切るまでに激減してしまったのは、鯨油生産の効率のみを重視して捕獲に走ったことに直接の理由がある。

結果として、南氷洋母船式捕鯨各国は、その年に定めた「BWU」を目指して、われ先にと拡大競争に明け暮れることになった。俗にいう「捕鯨オリンピック」である。その後、大型クジラの激減に対応するため、クジラの科学的管理が提唱されるようになり、一九六〇年、IWCの中に「三人委員会」が設立される。クジラの種類別管理など、クジラの絶滅について考える気運が盛り上がってきたのだが、同時にこの頃から、クジラを捕獲し、健全に利用しようとするＩＷＣ本来の捕鯨活動以外のさまざまな政治的思惑が入り乱れるようにもなってきたのだ。

アメリカが「反捕鯨」に転じる

一九六三年には、南氷洋母船式捕鯨の「シロナガスクジラ」と「ザトウクジラ」が、七二年には「ナガスクジラ」が、それぞれ捕獲禁止となった。この頃から、科学委員会は新管理方式の検討をはじめる。これはアメリカなどが、捕鯨つぶしを目論《もくろ》んで導入しようとしたもので、七五年に科学委員会の決定を受けて導入された。この方式も、「初期資源量」（その資源が捕獲される前の最初の量）などの推定ができず、困難に遭遇したが、ミンククジラなど一部の種類には捕獲枠が算定されることが分かり、反捕鯨国は別の手段を探すことになる。

ところで、一九七二年、世界規模で環境保護の気運が高まりつつあったのをとらえ、「Only One Earth（かけがえのない地球）」をスローガンに、世界一一三カ国が一堂に会して

「国連人間環境会議（通称：ストックホルム会議）」が開催された。同会議事務局長であったモーリス・ストロング氏は「すべてのクジラが絶滅の危機に瀕《ひん》している」と演説。アメリカなどが強力に推進し、同会議では「商業捕鯨一〇年モラトリアム勧告」が採択されてしまった。

この勧告は、同じ年、直後に開催されたＩＷＣ科学委員会でも議題にのぼった。ひと口にクジラ類といっても、八七種類もあるとされており、その中には資源状態のよい種も悪い種もいる。すべてをひとくくりにして、一律に捕鯨禁止を決定することは科学的な合理性を持たない。そこで、国連人間環境会議の勧告は否決するという結論にいたった。七三年、七四年の科学委員会でも同様に否決された。

国連人間環境会議の勧告は法的な強制力をもたず、また、勧告の実施主体はＩＷＣであった。この時点で商業捕鯨が禁止されることはなかったが、ＩＷＣは、その本来的存在意義とする「鯨類資源の合理的利用」の理念からかけ離れていった。過激な環境団体やビジネスとして「環境保護」に取り組む団体が、ＩＷＣを舞台に反捕鯨運動を展開しはじめたからである。それはたとえば、捕鯨と何ら関係のない開発途上国や海のない内陸国をＩＷ

Cに加盟させ、多数派を形成し、オブザーバーとして反捕鯨的立場の団体を送りこむなどの方法によってであった。

そうして迎えた一〇年後、一九八二年のIWC総会。反捕鯨運動の多数派工作によって「商業捕鯨のモラトリアム」勧告が採択されてしまった。七六万頭という「絶滅の危機」とはまったく無縁の南氷洋のミンククジラも含めて、IWCが管理対象とする一切のクジラ類の捕鯨が禁止されてしまったのである。

日本は、このような条約の趣旨と目的に反する動きには即座に反応した。「国際捕鯨取締条約」の条約国に許されている権利を行使し、異議申し立てをおこなったのである。決議は条約に異議申し立てをおこなった国に対しては効力が及ばない。すなわちモラトリアム勧告も異議申し立てをおこなった日本には影響が及ばないのである。考えてみれば、非合法と考えられるこのような決定に対しては、この時点で「国際司法裁判所」に提訴すべきであったのではなかったか。

しかし、その異議申し立ても一時的なものでしかなかった。かつての主要捕鯨国であり、モラトリアム勧告のリーダー役であったアメリカが、陰《いん》に陽《よう》にさまざまな圧力を日本にかけてきたからである。もともと捕鯨の目的を「鯨油」と定めていたアメリカにとっては、ロケットミサイル等の潤滑油として用いられていた鯨油の代替となる、人工の潤滑油の開発が完了していたからともいわれる。同時に、国内の政治的動向から環境団体に同調し、「反捕鯨」へと運転のハンドルを切った方が得策だと考え、強硬な反捕鯨国に転身していたのである。

アメリカは、我が国がアラスカ沖でスケトウダラを年間一〇〇万トン漁獲していることに目をつけた。そして、「パックウッド・マグナソン法」に基づき、IWCのモラトリアム勧告に対する異議申し立てを取り下げないかぎり、アラスカ沖の漁獲割当量を二年間でゼロにすると露骨に圧力をかけてきたのである。こうして日本は、スケトウダラを漁獲する北洋《ほくよう》漁業を守るために、捕鯨を犠牲にするという短期的視点に立って、一九八五年に異議申し立てを取り下げた。

結果として、一九八八年には、アラスカ沖の漁獲割当量はゼロになった。アメリカも自国漁業の発展が著しく、外国に割り当てられる漁獲量がなくなったため、日本の遠洋漁業は締め出されたのである。こうして捕鯨を捨ててでも守ろうとしたものはゼロになった。

ところで、なぜ日本は、南氷洋だけでなく、日本の二〇〇海里《かいり》内の捕鯨からも撤退することを決定してしまったのであろうか。ここは、自国の主権的管轄権を行使できる場である。あまりにも残念である。

そして商業捕鯨は、「一時停止」され、一〇年のモラトリアム期間を過ぎ、二〇年の歳月が過ぎた今日にいたっても、再開されていない。商業捕鯨の再開期限は遅くとも一九九〇年であった。ここでも日本は裏切られている。

多くの日本人が愛してきた「クジラの竜田揚げ」は、こうして世の中から理不尽にも消え去ろうとしている。それでも日本人は、どうして理不尽な外国の圧力に対して反論し、自己の正当性を主張しないのであろうか。

3、なぜ日本は、「調査捕鯨」をするのか

クジラは人間の三倍以上の魚を食べている!

モノの値段は、原則として需要と供給のバランスによって成り立つ。数が少なければモノの値段は上がり、多ければ下がる。当然クジラにも、この市場原理が当てはまる。かつて鯨肉は、牛肉や豚肉その他に比べてはるかに安い食材であったが、商業捕鯨の禁止によって供給が減退しており、価格が高騰するようになったのも理解していただけると思う。供給が少なくなれば、消費の機会は失われる。それに郷愁を感じる消費者は減り、やがて忘れ去られる。こうして、食文化も消えていく。

また日本人は、クジラに限らず、水産物全体を食べなくなっていく傾向にある。その水産業の漁業生産量は、一九七〇~八〇年代にかけて、一二〇〇万トンもあった。七〇年代

を通じて遠洋漁業の中心となったのが、スケトウダラである。この魚種だけで年間一〇〇万トンの水揚げ量を記録し、練《ね》り製品などに加工されて一般家庭の食卓を飾る主役として長らく活躍していた。また沖合では、マイワシ、マサバ、サンマ、アジなど、さまざまな魚種の水揚げもあり、日本人の食を支えてきた。

しかし近年、日本の漁獲高が急激に減少しつづけている。二〇〇〇年以降は、なんと最盛期の半分を割る六〇〇万トン以下にまで激減し、二〇〇九年ではわずか五四五万トンである。日本全国津々浦々にいたるまで、かつては大漁で賑《にぎ》わった港町が不況の波に洗われている。

その最も顕著な例が北海道の釧路《くしろ》市である。釧路は一九八〇年には一二〇万トンの水揚げ量を誇りながら、二〇〇〇年以降は、かつての一〇分の一ほどの一二万トンにまで落ちこんでいる。

理由は、乱獲であったり、藻場《もば》や干潟の消失であったり、地球規模での気候変動などさまざまな要因があげられるが、その要因の中で急速に有力視される説の一つとして、クジラ類による「捕食《ほしょく》」がある。つまり、海洋哺乳類の中でもとりわけ大きな体長を誇るクジラ類が、信じられない量の魚をエサとして食べてしまう問題である。

この件は事実、わたしがかつて水産庁奉職時代に議長をつとめたＦＡＯ（Food and Agriculture Organization　国連食糧農業機関）の水産委員会でも幾度か取り上げられた。二〇〇一年の同委員会では、ＦＡＯとして世界の漁業と海洋哺乳類による「捕食」の因果関係について調査することが合意されている。では、クジラ類は、何をどの程度「捕食」しているのだろうか。

その試算を、「財団法人・日本鯨類研究所」がおこなった。この研究所は、クジラ類を中心とした海洋資源の調査と研究を主な役割とする科学研究機関である。

南氷洋に存在するミンククジラの頭数が、ＩＷＣ科学委員会の下で実施された目視《もくし》船の調査ですでに判明している。その数、ざっと七六万頭と一時合意された。二〇一〇年のＩＷＣ科学委員会では、三八万頭（英国科学者）から七二万頭（日本人科学者）と推定されている。同様に、国際共同の鯨類について、多くの海域でその頭数が推定されている。

一頭あたりの消費する魚介類の量が算出されれば、全体の「捕食」量を類推できる。算出方法の細かな部分については用いる手法によって若干の差はあるが、一般に用いられる

「クジラは一日に体重の三％相当の魚介類を費消する」などという式を用いて算出してみよう。すると、クジラは一年間で体重の一〇倍近くもの魚介類を「捕食」しており、その「捕食」量をクジラ全体に重ね合わせて計算すると、二億四〇〇〇万～五億トンという、驚くべき量になった。

人間が一年間に消費する量と比べてみれば、これがどれだけ途方《とほう》もないかは一目瞭然《いちもくりょうぜん》である。世界中の海からの天然の漁獲総量は九〇〇〇万トンであるから、クジラは人間の三～五倍もの天然の魚を食べているということになる。

我が国の「調査捕鯨」が必要な理由の一つは、ここにある。世界の環境団体から、とかく的《まと》外れの批判を浴びがちな「調査捕鯨」であるが、実際にクジラを捕獲し、その胃の内容物にメスを入れることで判明した科学的事実がいくつもあった。

ヒゲクジラの仲間は、今まで「プランクトン」や「オキアミ」などの海洋微小生物を食していると考えられてきたのだが、それは南氷洋でのことである。北西太平洋で捕獲されたミンククジラの胃の中から出てきたのは、大量の「サンマ」や「イカ」などの魚介類であった。それのみならず、日本近海のミンククジラは、今や漁獲量が激減している「スケ

写真（上）は、ニタリクジラの胃の中から出てきた大量のカタクチイワシ。（下）は、ミンククジラの胃の中のスルメイカ。（いずれも（財）日本鯨類研究所の提供による）

トウダラ」や「マサバ」まで捕食していた。つまり、人間とクジラは同じものを食べているのである。

クジラは、人間の食生活をはじめとした生態系に影響を与えていないという論拠は正しくない。むしろどのくらい影響をおよぼしているかを明らかにすることが大切である。それだけではない。ミンククジラが食べている「スケトウダラ」や「マサバ」は、水産資源として回復しなければならない危険レベルにまで減少し続けている。南氷洋のミンククジラは、資源量八万頭に過ぎなかった。それが、エサを競合するシロナガスクジラ、ザトウクジラ、ナガスクジラの資源減少により、繁殖力が増し、過剰に増える結果となった。海洋における食物連鎖の頂点に立ち、健全な水準にまで回復している南氷洋のミンククジラが、人間の過剰な保護によって海洋生態系のバランスを崩しかねない。実際に、IWCによる捕鯨一時停止以降の鯨類資源の増加と、海洋資源の漁獲量減少は、見事なまでに一致しているのである。

わたしたちは、その事実について、目を背《そむ》けず真摯《しんし》に向かいあわねばならない。環境保護や資源保護に対しても、人間としての「謙虚さ」を持つべきだが、その謙虚さが科学的合理性や全体としてのバランスを欠き、過剰な保護につながってはならない。

第一章　日本の鯨食は、いかにして発展したか

1、食文化こそが、民族文化の基本である

ただの食べ物ではない

日本人は、クジラとともに歴史の長い道のりを歩んできた。捕鯨と鯨食の文化史は、日本人の自然との関わりを特徴的に示している。この広い世界には、日本以外にも捕鯨をおこなう国がたくさんある。それらの国々の中には、食用として鯨肉を利用する国もあれば、加工品としてクジラを利用する国もある。しかし、ほとんどすべての部位を食用として利用し、残された骨を工芸品や生活用品などに加工し、芸術や文化の水準にまで高めてきたのは、日本人だけである。

なぜ、これほどまでにクジラに対して、特別な思いと感謝と愛着を抱《いだ》くのか。

それは、日本人にとって、クジラが巨大であり、多くの人間に生命を与えてくれる恵《めぐ》み

であるだけでなく、時には狂暴な動物として人間の生命をも奪う存在だからではないだろうか。そしてクジラは、「鯨油」を搾り取るための「モノ」ではなく、自《みずか》らの生命と、自らがかけがえのないと考える共同体のすべての人々の命をつないでくれる尊い存在だったからではないだろうか。捕鯨には、共同体として皆が一体となって生命をかけて取り組む作業があった。他人のために尽くせる仕事を与えてくれたからだろう。

だからこそ、全国各地には今もなおクジラの死を悼《いた》む史跡や文化財が多く存在する。俗にいう「クジラ供養」という宗教的儀式。この極めて日本人の魂をゆさぶる儀式が、現在まで伝承されているのは、極めて大きな美質である。

もし、日本の捕鯨活動が、これに反対する国家や環境団体の主張するような「野蛮な理由」によってなされているのであれば、日本人が太古の昔からクジラのために葬儀をおこない、追悼し、墓所を設け、過去帳を残し、何百年と敬虔《けいけん》な祈りを捧げてきたことの説明がつかない。時の権力者による強制によって、クジラの死を悼んできたのではない。共同体の命をつなぐために、やむを得ずクジラの命を奪わねばならない、名もない庶民たちの祈りによって築かれてきた伝統なのである。

日本人にとって、捕鯨活動は単なる「経済投資活動」ではない。かつての主要捕鯨国が、クジラを捕獲したその場で殺傷し、「鯨油」以外の不要な部位をそのまま海洋に投棄していたのとは、捕鯨の思想的立場からして根本的に異なっている。

日本人にとっての捕鯨とは、天が与えてくれる恵みを利用する行為であり、ありがたくいただく行為でもあった。だからこそ、日本人は、「鯨油」の代替エネルギーが見つかったからといって捕鯨をやめることはしないし、自らの身体の構成要素として、また脈々と受け継がれたものとして、クジラを食べつづけることに意義を見出せるのである。これが、民族としての伝統であり、祈りであり、文化というものだ。

クジラの背骨で作られた縄文時代のろくろ

日本人とクジラの付き合いは、約九〇〇〇年以上前の縄文時代前期にさかのぼるといわれている。有史以前のはるかな昔、わたしたちの祖先は、すでにクジラを捕獲していた。

捕獲といっても近代的な捕鯨設備を備えていたわけではないし、こちら側から積極的に船を操りクジラの捕獲へ、広い海洋へと乗り出していったわけでもない。たまたま湾の内側にまで迷いこんできたものを村人が総出で捕獲したり、座礁《ざしょう》して打ち上げられたものを食したりしていたと考えられよう。

その当時の状況は、考古学的アプローチから、明らかになっている。

たとえば、神奈川県横浜市金沢《かなざわ》区の「称名寺《しょうみょうじ》貝塚」では、ハマグリ、シジミ、アサリなどによって形成された巨大な貝層の中から、多数の土器や装飾品が出土するとともに、クジラを捕獲するための銛《もり》やイルカの骨も発見されている。また、青森県の「三内丸山《さんないまるやま》遺跡」や石川県能登《のと》半島の「真脇《まわき》遺跡」などからは、大量のイルカやクジラの歯や骨などが出土している。

とりわけ「真脇遺跡」から出土したイルカやクジラの骨は、二八〇体という数から推測すると、漂着によるものだけにしては多すぎる。より積極的にこの集落の人々が捕鯨活動に関わっていたと考えられる。

おそらく、約六〇〇〇年前頃から、日本人の祖先は徐々に捕鯨器具の加工や捕鯨によって得られた骨の加工を覚えはじめ、日常生活の改善に取り組みはじめたのではないかと思われる。そのことがより鮮明になるのは、縄文時代も後期、今から約二〇〇〇年前頃である。縄文時代の人々が土器を作るようになり、その土器に「縄文」の縄目《なわめ》をつけ、繊細な美的センスを表現していた。

その縄文式土器の作業台「ろくろ」の中には、クジラの脊椎骨《せきつい》（背骨）の骨端板で作られているものがある。それも長崎、佐賀、福岡から熊本、鹿児島にいたるまで、広く九州一円からこの「ろくろ」が多数出土している。縄文式土器の底に残された脊椎骨の跡がそのことを証明している。捕鯨による産物の、日常生活への活用がおこなわれていたのだ。

これらの出土品が九州地域に集中していたのは偶然ではなく、明確な理由がある。日本列島の海洋は、沿岸性クジラ類がエサを追い求めて回遊するコースとなっており、とりわけ九州の沿岸地域はクジラの周遊コースに該当していた。冬には北洋から下ってくるクジラが、春には南方の繁殖場から上ってくるクジラがいた。この地域には、熊本県の天草《あまくさ》諸島、長崎県の彼杵《そのき》半島や壱岐《いき》、対馬《つしま》など、入り組んだ湾が多く存在している。縄文時代にあって、複雑な地形の湾は、天然の「網代《あじろ》」となる。コースをはずれたクジラが迷いこむからだ。このような諸条件に恵まれ、九州地方では捕鯨が早くから盛んになり「経済圏」としての飛躍を遂《と》げていった。

つづいて、自らの主体的な意思で舟を操り、クジラを求めて海洋へと乗り出していったことを現代に伝えてくれる貴重な史料が、長崎の「原《はる》の辻《つじ》遺跡」にある。同遺跡からは、中国製の鏡やトンボ玉や銅剣など、主に大陸系の出土品が発見されているが、その一部に、捕鯨の様子を描いた「線刻画」のある土器も出土しているのである。

その土器を鑑定した結果、弥生時代の中期後半（紀元前一世紀頃）のものであったことがわかった。この時代は、弥生文化が西日本から遠く関東へと波及し、銅鐸《どうたく》や青銅製の武器による宗教的祭事や社会に階層や身分秩序が確立されつつあった時代である。また、九州では鉄製農具が使用されはじめており、「吉野ケ里《よしのがり》遺跡」などの巨大な集落が生まれた。この頃には、すでにクジラ類の迷い込みや座礁を期待した偶然性に頼るタイプの捕鯨を脱し、主体的行動で外洋へ出てクジラを捕獲しようと、試行錯誤していたのではないだろうか。

ところで、海峡をへだてた朝鮮半島にも、古代捕鯨の痕跡が残されている。蔚山《ウルサン》市を流れる太和江《テファガン》の岸壁に、人、動物、その他を描いた「盤亀台《バングデ》線刻画」である。これは、一九七一年に韓国東国大学の調査によって発見され、一九九五年に国宝に指定された。線刻画は三〇〇あり、そのうち、クジラ、イルカも六、七種類描かれている。

この盤亀台線刻画は、縄文海進のあった紀元前六〜五世紀頃のものとされ、捕鯨が朝鮮半島で先に開始され、日本にもたらされたとの類推もできよう。今のところ日本の捕鯨遺跡に弥生以前のものはないが、両者の地理的関係を考えれば、日本でももっと早くから捕鯨が開始されていたとする見方が自然である。

2、鯨食の土台を築いた「鯨組《くじらぐみ》」

「鯨組」の誕生

日本人とクジラとの出会いは古いが、それでは、庶民一般の食卓に鯨肉がのぼるようになったのは、いつ頃のことなのだろうか。

それは江戸時代、庶民の文化が花開いた文化《ぶんか》・文政《ぶんせい》の頃である。鯨肉は、奈良・平安時代から戦国時代にいたるまで食べられつづけてはいたが、捕鯨のある地域をのぞいては、貴族や武士といった、ごく一部の限られた特権階級の人々しか口にできなかった。

室町時代の料理書『四条《しじょう》流包丁書』には、「鯨は鯉（当時最上の魚とされた）より先に出して苦しくない……」という記述があり（これは世界初のクジラ料理専門本『鯨肉調味方《げいにくちょうみがた》』にも引用されている）、当時から珍重されていたことがわかる。文献からも、クジラが連綿と日本人の口に入りつづけていたことは明確な事実である。

『西海鯨鯢記《さいかいげいげいき》』（一七二〇年発刊、谷村友三《たにむらゆうせん》著）によれば、我が国初の捕鯨活動家は、愛知県西部に位置する知多《ちた》半島出身の漁師「伝次《でんじ》」であったとされる。彼は「突《つ》き捕り式」とよばれる捕鯨スタイルを考え、一五七〇年、尾張の内海において捕鯨に成功した。これが日本初の、いわゆる「古式捕鯨」だと考えられている。つまり、それまでのような偶然性に頼って捕獲するという受動的な活動から、自らの意思で積極的に船を海へと繰り出し、銛を突いてクジラを仕留《しと》めるという能動的な活動へとはっきりと転換したのだ。

伝次がはじめてクジラを仕留めた頃と時を同じくして、志摩《しま》半島の九鬼嘉隆《くきよしたか》が捕鯨に運上金を課しているし、山口県の日本海側にある北浦《きたうら》でも、鯨組のようなものが組織されていたと考えられる。豊臣秀吉の朝鮮出兵に従い、毛利秀元《もうりひでもと》が彼らを同行しているからである。また、三十数年後には、この捕鯨法が広く伝播《でんぱ》し、志摩や熊野《くまの》、長崎の五島《ごとう》列島など、多くの地域で捕鯨活動が見られるようになっていた。とりわけ、現在でも「くじらの町」として全国的に著名な和歌山県太地《たいじ》町においては、一六〇六年に全国初の「鯨組」が結成されることとなった。

太地で生まれた新手法

『西海鯨鯢記』と『太地角右衛門《かくえもん》家文書』によれば、捕鯨文化の先駆けを飾ったのは、和《わ》田頼元《だよりもと》であったとされる。彼の一族は、平安末期の源平合戦のクライマックスである「壇《だん》ノ浦《うら》の戦い」で大活躍した熊野水軍であり、源氏を勝利に導いた地方の有力豪族として、鎌倉時代以来長く栄えてきた。しかし、徳川家康が天下を手中におさめると、それまで自在に海を舞台に暴れ回っていた熊野水軍も、否応《いやおう》なしにその業態転換を迫られることになる。つまりは、これからやってくる戦争なき平和な時代を、失業せずにどのように暮らしていくのかという問題である。

和田頼元はこの答えを捕鯨に求めた。今まで数百年にわたってつちかってきた軍事技術を捕鯨活動に転用し、一族を養っていこうという「事業転換」にチャレンジしたのである。こうして彼は船団を組織し、クジラを湾に追いこみ仕留《しと》めるために、多くの人材をスカウトすることになった。幸い、有能な人材はいくらでもいた。失業した武士が日本全土のそこかしこにいたからである。武士たちは一応の教養を持ち、戦争に従事する壮健《そうけん》な心身を持ち、何より死を恐れない勇気を持っていた。

つまり、武士にとって「鯨組」は、有望かつ自らの技能を活《い》かすことのできる「再就職先」であった。新しい時代に経済的に成功をおさめることだけでなく、外国船の往来が盛んになることで、これに対する国防の意味をこめて武力を鍛錬《たんれん》しておく理由もあったかもしれない。

日本の捕鯨産業は、和田頼元によって基盤が整えられていった。あわせて各地の「鯨組」の勃興《ぼつこう》とともに、捕鯨手法のスタイルもより組織化され、経営的利益を生じる事業に進化していく。

そして、「突き捕り式」捕鯨から約一〇〇年後の一六七五年には、和田頼元の孫・頼治《よりはる》が「網《あみ》捕り式」と呼ばれる新手法を確立する。銛《もり》で突く前に一工程、「投網《とあみ》を放つ」という作業を加えることで、クジラの逃走スピードを決定的に減速させることができた。

ごくありふれた網を放つという一手間ではあったが、頼治の開発した新手法は、従来の捕鯨産業に二つの技術革新をもたらした。

一つ目は、逃走防止である。従来の「突き捕り式」捕鯨では、銛をクジラに突き立てても圧倒的パワーと巨体ゆえに逃げ切られることが多かった。しかし「網捕り式」ではまずクジラの巨体に網を搦《から》ませ、身動きが取れず減速していく中、次々に集団で銛を突き立てるから、クジラは逃げ切ることができない。

二つ目は、沈下防止である。セミクジラは脂肪分が豊富であるがゆえに、絶命しても鯨体が沈みにくいという特性がある。従来の「突き捕り式」では、ナガスクジラ、ニタリクジラ（カツオクジラ）、イワシクジラ、ミンククジラ（コイワシクジラ）といった大型のクジラを捕獲することはなかなか難しかった。しかし「網捕り式」では、クジラが絶命する前に、鼻の穴に綱《つな》を通して、二隻の船の間に丸太を渡して、これにクジラを吊《つ》ってから絶命させることができた。これで、捕鯨対象が拡大したのである。

この網捕り式捕鯨は、頼治が夢枕にクモの巣に獲物がかかっていることを見て考えついたといわれるが、頼治は、佐野網《さの》と呼ばれる、摂津《せっつ》（大阪府）の泉佐野《いずみ》に伝わったイワシの網漁の影響を受けたのではないだろうか。

頼治率いる太地町の「鯨組」は、この方式によって年間九五頭もの捕鯨に成功し、一躍全国区の存在となっていく。同時期、湾の出口を網で塞《ふさ》いでからクジラに銛を突き立てる手法であるとか、クジラの回遊先を想定して「台網」を敷き、クジラの通過とともに網を引き揚げ、搦めとって、三尺（約一メートル）もの長い包丁を一気に突き立て仕留めるといった手法などが開発されつつあったが、やはり頼治の「網捕り式」の効率性には及ばなかった。頼治の方も、最初は藁材《わら》ではじめた網を、丈夫で切れにくい苧麻《ちょま》製に改良し、一六七七年には琉球王国（沖縄県）産の苧麻を取り入れるなど、技術の深化に余念がなかった。

太地で生まれた「網捕り式」は、室戸《むろと》（高知県）へ、さらには九州の長崎や佐賀へ、北浦（山口県）へと西日本の捕鯨拠点全域に広がっていく。

日本的社会の原点

「網捕り式」捕鯨は、捕獲技術のみならず、輸送技術の進歩という副産物をもたらした。

従来では、クジラを仕留め、曳航《えいこう》し、陸へと引き揚げる作業のみであったのが、「網捕り式」では大型鯨類の捕獲も可能になってくるため、より組織化された捕鯨活動がなされていく。

まず、海を一望することが可能な場所に「山見《やまみ》」という監視台を設置する。ここに「山見方」という見張り役をおき、クジラが回遊してくるのを随時監視する。クジラがあらわれれば緊急信号となる狼煙《のろし》を用いて、クジラの種類、頭数、移動速度を位置関係とともに知らせる。

通報を受けた捕鯨の責任者は、網を放つポイントを決定し、「網船」を出動させる。同時にクジラを追跡する別働隊の「勢子舟《せこぶね》」もあわせて出動させ、クジラの背後へ陣取る。勢子舟に乗員した漁師たちは「船べり」(船の側面)を叩いて騒音を出し、クジラを威嚇《いかく》、網の方角へと追いやっていく。クジラが網に搦まれば、網には大量の「浮き樽《だる》」が設置されていることから、もはや海底へと潜《もぐ》りこむことができない。そこへ勢子舟に同乗していた「羽刺《はざし》」といわれる射撃手たちが次々と銛を打ちこんでいく。

この羽刺の放つ銛には特殊な縄がつけられ、その縄は勢子舟の船体と結ばれているため、クジラは余計に身動きがとれなくなっていく。つぎに射撃手の一人が頃合いを見計らって海へ飛び込み、クジラの鼻の隔壁《かくへき》に鋭利な刀で穴をあけ縄を通す。さらに海中へと潜水し、クジラの胴体に縄をくくりつけ二隻の「持双船《もっそうぶね》」と連結、陸上へと曳航していく。陸上には、クジラの解体班や加工グループが待ち受けているから、鯨肉処理もスムーズに進んでいくという次第である。

「鯨組」は、極めて洗練され、協業化が高度に発達した組織である。

現代に生きるわれわれが、この鯨組から学ぶべき価値とは、それが生命がけの共同作業であったことであり、成果である鯨体を共同体全員で分け合ったことである。人間が自分のためより、他人や家族や地域の人々のために働くことに、生きがいや幸福を感ずるのは世界共通である。和を重んじ、家族的共同体的経営を大切にする。不慮《ふりょ》の死を遂げた乗員の遺族には手厚い補償をする。鯨組は、働くことの誇り、共同体として生活していくことの喜び、海の男として家族や地域社会に貢献して生きる楽しみなど、多くの価値をそこで働く人々や周りの人々に与えた。

幕末、アメリカを舞台に捕鯨を扱った文学作品『白鯨《はくげい》』（メルヴィル作）に描かれる世界が、幾人かの金持ち連中が集まって一航海単位で乗員を雇い入れ、彼らを単なる使い捨ての労働力としてしかみていなかったのとは好対照ではないか。

結局、鯨組には「日本的社会と人間関係の原点」があったのではないか。鯨組は、日本の鯨食文化を守ることが、今の日本人に向けて、生き方と幸福感につながるのだと教えてくれているように思える。

ところで、わたしは長年の間、いくつもの漁業種類の漁業者や経営者と接してきた。サケマス漁業、遠洋マグロ漁業、トロール漁業、巻き網漁業、そして沿岸漁業などである。その中でもっとも団結心が強くて、共同体としての意識や、他を思いやる心が強く温かったのは、南氷洋《なんぴようよう》に捕鯨に出かけた船団の乗組員たちであった。

彼らは、苦楽や生死を共にしてきたことでは他の漁業者と変わらない。それなのに、人一倍、共同体の協業意識が高く、まとまりがよかったのは、その共同作業にあり、それが、自分たちだけではなく、自分たちの力によって日本の食生活の改善や経済の振興に貢献したという、大きな自負があったからではないか。そして、資源を慈《いつく》しみながら、感謝しながら、利用させてもらうという、江戸時代からの伝統を受け継いできたからに他ならないと思う。このような捕鯨に見られる精神社会を、世界や現在の日本に向けて発信し理解してもらうことも、わたしたちの大切な義務である。

鯨食が花開いた文化・文政時代

さて、「日本人がクジラを食べはじめた」という本来の意味で、鯨肉が庶民の口に入りはじめたのは、江戸の文化・文政時代であるが、それには理由がある。

まず、そもそも捕鯨は豊かな地域ではあまり発達しないという事実である。たとえば、その村落や共同体が、山林資源に恵まれ、豊富な水産資源が確保できたり、あるいは行商などの商業、または鍛冶《かじ》や織物などの手工業が盛んであったり、さらにはその土地が物資も人の往来も激しい交通の要衝《ようしょう》にあったならば、わざわざ危険な捕鯨をする必要がない。捕鯨をしなければ共同体の経済が成り立たない地域であるからこそ、捕鯨という生業《なりわい》の素地がある。

そして、いくら捕鯨によって得られるクジラの恩恵が多くとも、人間はそれだけでは生きていけない。衣服に始まる日用の生活品が必要であるし、さまざまな生活改善の欲求も起こってくる。つまり、鯨肉を他の地域に運搬して他の品々を得るという通商交易が起こってくる。しかし、その貿易の前提には、平和というシステムが必要になる。日常茶飯事のように戦争が発生していたり、大規模な災害で都市インフラが崩壊していたり、流通システムが破壊されたりしていては、そこに鯨肉の貿易は成立し得ない。

また、自藩の特産品を他の地方に売っていくには、それをPRし、実際に販売し、時には融資までしてくれる存在が必要になる。それが、商人という名の町人や文化を担う庶民である。いわゆる大名貸といわれる商人の金融経済が発達していくにつれ、町人が力をもち、芸術、文芸、ファッション、食文化などをリードしていった。

裕福になった人間は、必ず食の充実を図る。自らが普段食べたことのないものへの欲求に走り、その欲求がクジラに向かったことは極めて自然なことといえる。元禄《げんろく》年間は、まだ捕鯨の技術も「突き捕り式」から「網捕り式」に改良が進められたばかりであり、鯨体のすみずみまで利用する考えが行きわたらなかったが、文化・文政の頃になると、捕獲・

加工技術も向上し、鯨肉は庶民の食べ物となった。鯨肉が海の珍味であることは古くから知られていた。ただ、知られてはいたが高嶺《たかね》の花であったため、庶民が口にすることはできなかったのである。だから、貨幣経済の発達を契機として、文化・文政時代から、庶民の口に鯨肉が入っていくこととなった。

当時、セミクジラ（一頭あたり五〇トン）が捕獲の中心で、日本全国で、年間五〇〇頭程度が捕獲されたと考えられる。歩留《ぶど》まりが五〇パーセントほどであったとすれば、鯨肉は一万二五〇〇トンである。

現在の日本では、南氷洋と北西太平洋で、四五〇〇トンの鯨肉しか供給されておらず、人口は一億二〇〇〇万人もあることから、人口三〇〇〇万人だった江戸時代後半の日本人は、一人あたり、ざっと現代人の一〇倍以上の鯨肉を食べていたことになる。鯨食文化が文化・文政時代には絢爛《けんらん》と花開いていたと考えられる。

3、「一頭を食べ尽くす」という文化

なぜ、江戸時代に皮や内臓まで食べるようになったのか

今となっては、日本人の誰もが当たり前のように感じていることだが、クジラには捨てる部位がまったくない。前は「頭皮（脳皮）」から、後ろは「おばけ（おばいけ）」と呼ばれる尾《お》ヒレの部位にいたるまで、日本人はクジラの身も皮も臓器すらも食べ尽くし、残された骨は工芸品や日用品として有効利用してきた。まさに、「骨まで愛して」きたのである。

日本人が太古の昔からクジラを食べ続ける理由、それはクジラへの愛着であったり、単に美味であったりと、さまざまな説明をすることは可能だろう。しかし、日本人がクジラを丸ごと一頭食べ尽くすようになったのは、貨幣経済が花開いた、江戸を中心とする江戸時代の都市の庶民文化によるものである。

戦国時代が終わり、一〇〇年、二〇〇年単位の戦争なき平和な時代が到来すると、人口増加が始まった。同時に、徳川家の中でも政治と文化で諸大名を統治しようとの考えになってきたし、商品経済の発展とともに人々の生活が農耕から分離し、私生活が華美になる。またその穴埋めを安易な貨幣の改鋳《かいちゅう》に求めたため、はげしいインフレーションも起こりはじめた。モノの値段は自然に上がる。お金の価値が下がれば、相対的にモノの値段も上がる。当然の経済原理によって、江戸の鯨肉価格も例外なく高騰《こうとう》しはじめた。推計によれば、当時の江戸近海で捕獲できたクジラの頭数は年間五〇〇頭前後だったといわれるが、これでは不足だったため、自然とクジラ資源の有効利用を考えるようになったようだ。いかにして安く、そしておいしく、クジラを食べきるかという方向へと進むことになった。

いわば、クジラを一頭食べ尽くすという文化は、貨幣経済の浸透と、平和な時代の人口増加と、強い需要によってもたらされたといえる。そして、江戸時代も末期の文化・文政時代になって、ポピュラーな庶民の食文化としてクジラをまるごと食べるというスタイルが確立したのである。

捕鯨が生み出す文化

クジラは巨体である。よって、その捕獲は、個人では到底できない。人間一人でできることには限りがあるし、積極的に海へと乗り出し捕鯨するには、船に各種の設備が必要でもある。だから日本の捕鯨活動には、早くから高度に組織化された「鯨組」が存在した。

日本初の本格的なクジラ本であり、瀬戸内海の捕鯨文化史を詳細に記した文献でもある『西海鯨鯢記』には、当時、日本の捕鯨中心地は、伊勢《いせ》湾および三河《みかわ》湾に突き出した知多半島の先端の師崎《もろざき》であったと記述される。この地域に、セミクジラとコククジラという沿岸性のクジラが数多く遊泳していたことから、積極的に海へと繰り出し、捕獲しようという動きが生まれたのだ。

セミクジラは脂皮が厚く脂肪分が豊富で、他の鯨類とちがって絶命しても海の底へと沈まない。また、コククジラと同様に沿岸性のクジラで背ビレがなく、上から見た鯨体が美しく「背美《せみ》」クジラとも表現される。見る者を魅了し、絵画のモデルにもなるなど、古くから愛着をもって受けとめられてきた。さらに、良質の鯨油や鯨肉に富《と》み、工芸品の材料として加工しやすいクジラの「ヒゲ」が、伝統芸能として名高かった文楽《ぶんらく》人形のバネ、小《お》田原提灯《だわらぢょうちん》の取手などに活用された。また、四日市《よっかいち》市の「だし物」の大入道《おおにゅうどう》の長い首や高《たか》山《やま》人形のバネにも、セミクジラのヒゲが使われている。

『西海鯨鯢記』を読めば、捕鯨手法の発達や「鯨組」が組成されていく歴史的プロセスなどを詳細に知ることができ、その発達過程において彼ら捕鯨関係者が、クジラを単に捕獲するのみならず、捕鯨を文化の領域にまで高め、後世に残そうと尽力していた様子が分かる。

驚くべき『鯨肉調味方《げいにくちょうみがた》』の中身

「松浦《まつら》水軍」や「松浦党」の名で知られた平戸《ひらど》藩六万三〇〇〇石では、早くから藩をあげて捕鯨活動が奨励されていた。松浦家は、一六〇〇年の関ヶ原の戦いでは西国大名でありながら、東軍の徳川方につき本領を安堵《あんど》された。しかし、次第に通商貿易が松浦家の自由なものから、幕府の直接統制下へと置かれるにしたがって、藩財政が窮乏《きゅうぼう》しはじめた。

もとより長崎の地は、貿易を通じて異国文化に触れることが多く、開明的な気風にも富んでいたが、領地はせまく農耕に適した土地にはあまり恵まれなかったことから、貿易にも農耕にも依存しない、独自の経済体制を確立する必要があった。それが捕鯨である。

第二八代・松浦隆信《まつらたかのぶ》は藩内に「鯨組」を組織させることを奨励した。藩内にはいくつもの「鯨組」が結成されることとなったが、その中でも全国屈指の存在として成長していったのが「益富組《ますとみぐみ》」である。

日本の海運や海事の広報を担う「財団法人・日本海事広報協会」によれば、平戸の生月島《いきつきしま》を本拠に定めた益富組は、二〇〇隻以上の大船団を有し三〇〇〇人以上の従業員を雇い、年間二〇〇頭以上ものクジラを捕獲していたという。

そして、その捕鯨活動から得られる巨富は、一国の大名にも匹敵するほどであったといわれ、同組が廃業するまでに平戸藩に対してなされた納税額は七七万両(現在の換算で七七〇億円)、政治献金は一万五〇〇〇両(一五億円)、貸付金は二四万両(二四〇億円)にも達し、見事に平戸藩の国家財政を支える存在として活躍していた。

益富組の最大の功績は、クジラを食べるという行為を、食文化として後世のわれわれに残そうとしたことであろう。一八三二年に益富組によって編纂《へんさん》された『勇魚取絵詞《いさなとりえことば》』全三巻がある。うち第一巻と第二巻には、クジラの生態や生物学的特徴、益富組の根拠地で

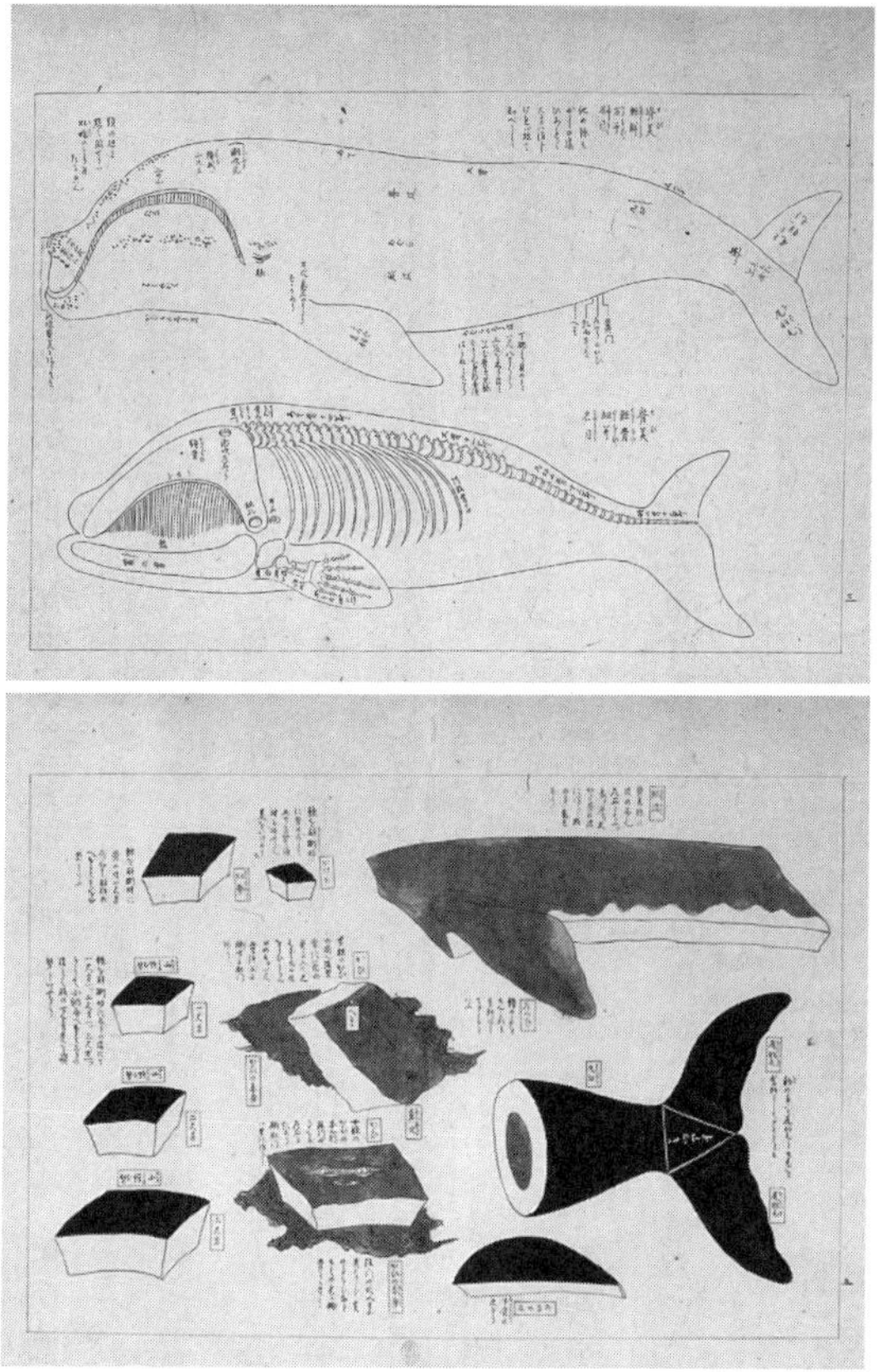

『勇魚取絵詞』下巻にある挿絵。（上）は、セミクジラの部位の名称を示したもので、外側と内部に分けて説明している。（下）は、皮の部位を図にしたもの。尾ヒレの真ん中に「ミツアイ」の文字が見える。（国立国会図書館蔵）

ある現在の長崎県平戸市生月島を中心とした捕鯨の様子が描かれている。

そして、その第三巻が、世界初のクジラ料理専門本ともいえる『鯨肉調味方《げいにくちょうみがた》』であり、捕獲したクジラをどのように調理するのかという調理本である。セミクジラの調理法については、食用部位は七〇カ所にも達し、骨、皮、身、内臓にいたるまで学術的な解説をおこなうとともに、素材を活かした調理方法にいたるまで細かく説明がなされている。

わたしの手元には、その写しがある。昭和一九年三月五日発刊の「日本科学古典全書」(東京大阪朝日新聞社)に収録されたものであるが、現代人が見ても、そのまま利用できるような分かりやすさに驚かされる。試みにその内容の一部を引用し、現代語に訳してみよう。

●黒皮《くろかわ》　クジラの皮である。表面はうるしのように黒い。ウロコはない。厚さは二〜三分(一センチメートル足らず)で、皮の裏側は白い皮がついている。その白い皮の厚さは、背の方が八寸(約二四センチメートル足らず)ばかり。腹の方は一尺二、三寸(約三六センチメートル)ほどある。黒い皮に七、八分(二センチメートル強)の厚さの白い皮をつけて、広く削《そ》いだものを「黒皮」という。背美鯨《せみくじら》の皮は最もおいしい。
○薄くスライスして、生《き》醤油か煎《い》り酒（日本酒に梅干しを入れて煮詰めた調味料）で食べるのがよい。
○鍋ものがよい。
○酒に味噌か生醤油をといてスキヤキにするのもよい。スキヤキとは農具の鋤《すき》を火の上に置いて、その上に肉を載せて焼く料理のことである。鋤の鉄がキレイなものを使うのがよい。
○湯通しして薄くスライス、煮物にするのがよい。ゴボウの太煮、川茸《かわたけ》（水前寺のり）や貝われ菜、または小さく切ったハンペンやゴボウ、キクラゲなどと葛《くず》あんかけにしてワサビで味わうのがよい。
○セミクジラの皮を揚げ物にして、薄く切って生醤油、煎り酒などをかけるのがよい。また、ゆがいて同様に味わうのもよい。揚げ物とは、ゆがいてから、鯨油をとり出すときの釜に一緒に入れて揚げることをいう。油で揚げると長持ちする。ゆがいたままだと傷みやすい。

○ザトウクジラの生皮は薄くスライスして、三杯酢《さんばいず》で味わうのがよい。野菜を加えて酢みそで味わうのもよいが、三杯酢には劣るだろう。

皮は「黒皮」の他に「テイラ」（おばけ）、「三合《みつあい》」など、一三種が紹介されている。皮に続くのが「赤身」などの身で、これが六種ある。現代の鯨食で珍重されている「尾《お》の身」「鹿《か》の子《こ》」などの表現は見られない。

●赤身　皮の内側にある赤身肉のことである。色は赤黒い。刺身で食べるならば、セミクジラの赤身が最もおいしい。

○薄くスライスしてぬるいお湯をかけて煮物にする。麩《ふ》、マツタケ、ミツバなどをいれてすまし汁にする。生ノリ、ワカメ、防風《ぼうふう》も。

○二日ほど味噌漬けにしたものを焼いて、薄く切って食べる。

○薄く切って、酒ぬたや、醤油をつけて、スキヤキにしてもよい。

○湯通しして薄くスライス、生醤油や三杯酢で味わう。

○鍋ものや味噌煮で味わう。
○野菜と酢であえものにする。

次にくるのが、珍味や内臓である。これが四二種もある。よく知られた「百尋《ひゃくひろ》」は小腸、「烏賊腸《いかわた》」は脾《ひ》臓である。舌は「サヤ」という名称で紹介されており、現在一般に使われている「さえずり」ではない。この他に「ヒナ」「カイノフチ」という珍味があるが、ともにメスの陰部である。オスの方は、「タケリ」と「キンツウ」。

●烏賊腸　脾臓のことで、色はうす桃色である。味は淡白。老いたクジラのものが珍味である。
○鍋ものがよい。
○薄くスライスして生醤油、煎り酒で味わうのがよい。また、野菜とあわせてすまし汁にするのもよい。葛あんかけもよい。
○揚げ物にして、生醤油、煎り酒、三杯酢で食べるのがよい。

最後を飾るのは、骨である。食べられる骨として、よく知られる「蕪骨《かぶらぼね》」（上アゴ骨の軟骨）など九種類が収録され、このあとに硬くて食べられない骨が一八種続く。食べられない骨は、こやしになると書いてある。つまり、クジラの中で食べられないのは、この一八種の骨だけで、他は全部食べられるということである。

後述するが、「蕪骨」を粕《かす》漬けにしたものが、佐賀県呼子《よぶこ》の名物「松浦漬《まつうらづけ》」である。

●蕪骨　頭骨の内部にある髄《ずい》である。色は白い。若いクジラのものがよい。骨の中で、もっとも柔らかで、上品である。保存するには、塩を水に入れ、かきまぜたものに漬けておく。あるいは、厚く切って寒中で乾燥させて保存する。世間の人はとてもおいしいという。

○粕漬けがよい。

○味噌漬けがよい。

○薄くスライスする。生醤油、煎り酒、三杯酢が合う。

○「せんつき」という道具で突くと、白糸のように細かくなる。これを半紙の大きさほどに薄く干し固めたものをホリホリという。年月が経っても変質しない。これを水に浸《ひた》してから絞《しぼ》り上げれば、雪のような色になる。花がつお、青みなどを合わせ、三杯酢で食べるのがよい。

○水に浸して絞り上げたものを、吸《す》い地《じ》（出汁《だし》に醤油や塩などを加えたもの）に入れて、玉子とじにしてもよい。

以上、ごく一端を紹介させていただいたが、江戸時代のこの頃には、すでにクジラ料理の調理方法が確立していたといってよい。刺身、湯通し、ステーキ、揚げ物、スキヤキなど、江戸時代の人々が現代では想像もできないほど豊かな味わい方でクジラ料理を堪能《たんのう》していたことがよく分かる。同時に『鯨肉調味方』を読み解く上で、学ばなければならないことは、余すところなく、感謝しながら、ありがたく食べ尽くす食文化と、身近な物を利用しようとする、現代にも通用する「食」のあり方ではないだろうか。

古くから「一浦が鯨一頭捕れば、七郷《しちごう》がにぎわう」といわれてきた。これは、一つの漁村や漁港がクジラを一頭捕獲すれば、近隣七つの地域共同体に経済効果と食糧の供給が波及することと、社会的存在である人間同士の、相互依存の関係を深めることを意味している。クジラがもたらす滋養と富と「きずな」はそれほど大きいということと、その大きさゆえに海の実りを広く皆で分かち合い、持続可能な方法で捕鯨活動に関わっていくことの大切さを教えてくれている。

海に生きる庶民の誇りと気概に満ちあふれた『鯨肉調味方』という書籍が、権力者によって編み出されたのではなく、庶民の代表である益富家によって作られたという史実は、わたしたち日本人が世界に誇る歴史的な文化価値に加えて、共同体の中で、人々とのつながりを大切にして生きる哲学的な価値をも有しているといえるだろう。

4、クジラに向けられた強い憧《あこが》れ

西鶴《さいかく》が書いたクジラ長者

江戸は、庶民文化の栄えた時代であった。『日本永代蔵《にっぽんえいたいぐら》』（一六八八年）といえば、その代表作品として有名だ。作者の井原西鶴は、全国を旅してまわり、人間のありのままの姿や欲求をみずみずしい感性で表現した。永代蔵の副題は「大福新長者教《だいふくしんちょうじゃきょう》」といい、江戸の庶民がどのようにしてビジネスで成功したのか分かりやすい表現で書かれている。実はこの永代蔵にもクジラに関わる人物が登場する。その名を「天狗源内《てんぐげんない》」、太地角右衛門頼治《たいじかくえもんよりはる》がモデルといわれている。和歌山県の太地町に存在したクジラ捕りの男である。『日本永代蔵』の第二巻には「天狗は家名の風車」のタイトルで、その様子が描かれている。ちなみに、家名とは屋号のこと、風車は源内の家紋が風車であったことを指していると思われる。試みにその部分を一部引用し、現代語訳してみよう。

太地の街はたいへんに栄えたところである。若々しい松が生い茂るところに鯨恵比《くじらえび》寿《す》という神社があって、鳥居は巨大なクジラの胴の骨でできている。あまりにも珍しいので土地の人に尋ねてみた。

「むかしむかし、この街にクジラ捕りの羽刺《はざし》(銛でクジラを突く人のこと)がいて、名前を天狗源内といいました。あまりにも縁起のよい男なので、ある人が源内を雇って鯨組をかまえさせたところ、さっそく源内は海へと乗り出しました。沖に出れば夕暮れの雲のように潮を噴いている大きなクジラがおります。源内が合図を送ったところ、人々は波が押し寄せるような勢いで、笛や太鼓で音頭をとってクジラを捕り、陸へと引き揚げました。引き揚げてみてビックリ。大きさは三三尋(約六〇メートル)をはるかに超える見たこともないセミクジラでございました」

捕鯨をすれば七郷がうるおう。油をしぼれば数えきれないほどの樽を満たしてくれる。皮もヒレも捨てるところが一つもない。肉や皮を積み重ねたありさまは、雪の積もった富士山や紅葉の山々を見るようである。やはり長者になりたいのなら捕鯨に限るだろう。

一説によれば、源内が手にした鯨油は、一〇〇〇樽を超えるという。また源内は信仰心があつく、貧しい人々を救うことにも一生懸命であった。工夫もし、骨を砕いてさらに油を得たという。西鶴は源内のような謹厳実直《きんげんじっちょく》な富豪のことを「楠木分限《くすのきぶんげん》」と呼んだ。分限とは長者や富豪の意味である。そしてクスノキという木は根を深くおろして歳月を経ることで大木になる。そのさまが「堅実さ」を連想させる。

一二月一三日は「クジラの日」

現代に生きるわたしたちが、この文化・文政期における鯨食文化の隆盛をうかがい知ることができるのも、出版文化の隆盛のお陰である。それによれば、どうやら江戸時代には「鯨売り」といってクジラの肉を行商して歩く商人がいたようである。そしてその鯨肉が多くの庶民に食べられた証拠を、文化・文政期に流行った面白い川柳によって確かめることができる。

魚偏《うおへん》に　江《え》の字　くじらと　書かせたい

これはクジラの字を「鯨」と書き、この字のつくりが「京都」を連想するから「江戸」の江に変えてみたいのだという一種のシャレである。そしてここに、江戸っ子の負けず嫌いの気質がうかがえる。当時の江戸の庶民に鯨肉が親しみをもって受け止められ、多くの町人の胃袋に収まっていたのだろう。

江戸中で　五六匹《ごろつぴき》喰《く》う　十三日

これは当時の江戸で、毎年の一二月一三日になると「煤掃《すすは》き」という大掃除があった。大名家や豪商の家では、その年の年男を皆で胴上げし、その胴上げで厄を落として厄払いするという縁起をかついでいた。その大掃除を終えたあとには「クジラ汁」というクジラの「脂皮」を入れた味噌汁を皆で味わうという風習があった。
この句はその師走の江戸のにぎわいや一家団欒《だんらん》の和やかさを現代に伝えてくれているおもむきがある。そしてこの句が伝えてくれているように「江戸っ子」たちの愛嬌《あいきょう》ある見栄っ張りなエネルギーが、すでにクジラをまるごと一頭食べ尽くすという世界でもまれにみる特異な文化を作り上げていたのである。

鯨汁　おや助兵衛《すけべえ》と　娘逃げ

栄養価の高いクジラは江戸時代、冬場に「薬喰《ぐ》い」と称して好んで食べられていた。このことから、庶民には精力がつく食べ物として重宝されていた。クジラ汁が暗示しているものを悟った娘が、恥ずかしがって逃げ出したという内容である。

大名も　切り売りを買う　塩鯨

当時のクジラは貴重で高価な食べ物だったため、大名屋敷に住む人たちであっても、クジラに限っては丸ごと一頭を買うことはできず、町人と同じように「切り身」を買うしかなかった。クジラに限っては、町人が大名と同等な立場にあることを皮肉った川柳で、江戸の人々の笑い声が聞こえてくるようだ。

「寛政《かんせい》のクジラ」と国芳《くによし》、春亭《しゅんてい》

捕鯨が盛んになった江戸幕末には、数多の浮世絵師がキラ星のごとくあらわれたが、その中の一人、歌川国芳《うたがわくによし》は、幕末の黒船来航という時代を生き、捕鯨の盛んな時期に人生を過ごした。老中・水野忠邦《みずのただくに》による庶民文化の弾圧に対して独特のユーモアで闘い、庶民の喝采をあびた「反骨の絵師」である。

国芳は一七九七年、江戸の日本橋に生まれた。父親は染物屋で、一二歳の頃に描いた道教世界の学問の神「鍾馗《しょうき》」が初代歌川豊国《とよくに》の目に留まって一五歳で入門し、浮世絵師の道を歩みはじめた。いろいろ苦節はあったが、兄弟子たちの応援もあって、師である豊国の華麗な役者絵をほうふつとさせるような「武者絵」を得意としていく。国芳の出世作

『通俗水滸伝《すいこでん》豪傑百八人』は、水滸伝の世界を描いたものとして知られ、国芳を一躍スターダムへと押し上げていくことになる。

人生の転機となったのは四五歳の時。折しも水野忠邦による天保《てんぽう》の改革が始まった頃で、質素倹約・綱紀粛正《こうきしゆくせい》の名のもとに、むやみやたらに贅沢《ぜいたく》の禁止を始めた。国芳が活躍の舞台としていた武者絵や美人絵なども、その格好のターゲットとしてやり玉にあげられ、度々弾圧を受ける。

『宮本武蔵と巨鯨』はちょうどこの頃の作品である。通常の浮世絵三枚分もの大型サイズとして知られる本作品は、江戸っ子のスーパースター、剣豪・宮本武蔵を主人公に、さかまく大波の中を巨大なクジラに飛び乗って刀を突き立てんとするその躍動感も、クジラのフォルム自体も美しい。黒と白のコントラストをたくみに描き、無数の斑点模様は写実的、何よりクジラの表情が生き生きとしてこの上なくリアルなのである。

寛政一〇（一七九八）年五月、東京湾の品川洲崎《しながわすさき》沖に入りこんだクジラは、約一六・五メートルのシロナガスクジラで、江戸っ子の度肝を抜く大きさであった。嵐で弱っていたところを漁師が突き止め、現在の浜《はま》離宮あたりまで引いていき、一一代将軍・家斉《いえなり》の上覧

御休所

勝川春亭による『品川沖之鯨高輪ヨリ見ル図』。「寛政のクジラ」見物の様子だが、史実よりも多い二頭のクジラが描かれている。芸妓と客が乗る船が出ている。クジラのすぐそばにまで近づく船もある。（品川区立品川歴史館蔵）

に供したという。

国芳がこのクジラを題材にして描いた『大漁鯨のにぎわひ』（一八五一年）も、クジラと海と富士山と、見物人のバランスが絶妙で、また、海と空の青と、雲の白と灰色のコントラストが非常に鮮やかである。事件から五〇年後に想像して描かれたもので、当時一歳だった国芳にその記憶はないであろう。ただ、その力量には圧倒される。

このクジラを題材にした浮世絵として勝川春亭《かつかわしゅんてい》（一七七〇～一八二〇年）の『品川沖之鯨高輪《たかなわ》ヨリ見ル図』がある。これには史実（一頭）とは異なり、二頭のクジラが描かれ、赤と緑の芸者衆の着物の色が鮮やかで、わたしの好きな図の一つである。

表現手法は異なっても両作品に通じるのは、庶民の心情をつかみ、素直な感性で表現し、後世に残しているという点である。江戸時代は捕鯨によって文化の華がひらいた時代、ないしは捕鯨の文化を大切に記録し、保存した時代と呼べるのではないか。

食のあるところ、必ず文化が栄える。江戸の人々がクジラを味わって文化の華を育てたように、現代のわたしたちもクジラを食べることで、新しい文化の華がひらく可能性があると思われる。

「ホエール・ウォッチング」の役割を果たした浮世絵

現代でも「ホエール・ウォッチング」と呼ばれる、クジラやイルカを船上から観察するツアーが世界各地でおこなわれ盛況を博しているが、江戸の人々はどのようにクジラを観察していたのだろうか。実はここにも浮世絵が関わっている。クジラの雄大さや造形美は、いつの世も芸術家の繊細な感性を呼び覚まさずにはいられないのだろう。浮世絵が「ホエール・ウォッチング」の代わりをつとめていた様子を紹介することとしたい。

二代目歌川広重《ひろしげ》といえば、師匠ゆずりの風景画で著名である。初代歌川広重は、前項で紹介した歌川国芳の師匠・歌川豊国に弟子入りしようとしたところを定員オーバーで断られ、豊国の同門・歌川豊広《とよひろ》に弟子入りしたことで風景画の境地をひらいた。そして「ヒロシゲ・ブルー（ジャパン・ブルー）」で世界の絶賛を受けることになる、大胆な構図とインディゴ（藍色）で独自の世界を築いた。

二代目広重もこの師匠の境地を受け継いで、数々の名作をものにしていく。中でも代表作の一つとして有名な『諸国名所百景』は文字通り全国の風光明媚《めいび》な景観や名所を、広重の世界観で描きあげたものとして知られているが、実はこの中にも捕鯨の様子が取り上げられている。古くから「西海捕鯨《さいかい》」で親しまれてきた肥前国五島《ひぜんごとう》の捕鯨の様子を描いたもので、巨体のクジラを多くの漁師たちが十重二十重《とえはたえ》に取り囲んでいる力強い構図である。これらは、「ホエール・ウォッチング」ではなく、捕鯨の現場を観察して描いているので、「ホエーリング・ウォッチング」である。

ちなみに五島とは、現在の長崎県五島列島のことで、この地域は、太古の昔から異文化交流の玄関口として栄え、捕鯨も頻繁《ひんぱん》におこなわれてきた。いわば、日本の捕鯨のふるさとの一つといってもよい地域である。長崎県五島の捕鯨は、よほど芸術家の感性を刺激してやまなかったのだろう。実はあの葛飾北斎《かつしかほくさい》も『千絵《ちえ》の海・五島鯨突《くじらつき》』と題してこの地の捕鯨を迫力ある筆致で描いている。これらの錦絵もすべて彼らが、伝聞や記録などから想像をたくましくして描いたものであろうが、情景が美しく捕鯨やクジラが生き生きと描かれており、見るものを圧倒し、楽しませてくれる。

一風変わったところでは「美人画」などの人物画の中にクジラが描かれているのもある。『山海愛度図会《さんかいめでたずえ》・早く見たい』などはその代表例。美人の背後に生き生きとしたクジラが描かれ、「平戸鯨」などの文字も見え、当時の西海捕鯨の様子を伝えてくれる好例である。これも先に紹介した「奇想の絵師」歌川国芳の手になるものであったが、彼にとってはクジラは生命の躍動感をそのまま素直に、かつ大規模に伝えてくれる存在であった。ゆえに、国芳はクジラを多く描いたとわたしには思われるのだ。

浮世絵師たちが描き出したクジラのありさまは、西海捕鯨を日本全国に伝える広告宣伝の役割も果たしていたようだ。クジラと命がけで格闘するさま、皮や肉を切って解体する様子、皮を煮込んで鯨油を作りだす圧倒的迫力を、多くの浮世絵師たちは江戸の庶民に伝えた。浮世絵が「ホエーリング・ウォッチング」、すなわちクジラを見るのもさることながら、捕鯨の現場を見せる役割を果たしていたといえる。

5、外国人も食べたクジラ

朝鮮通信使にふるまわれたクジラ

江戸時代は家康や家光の「鎖国」によって、世界との交渉を絶った時代だった。しかし世界から孤立していたわけではないし、完全な没交渉だったわけでもない。限られた外交チャンネルを通じて世界の動向をつかむことは心がけていた。長崎の出島に外交特別区を設置し、オランダや中国と交易し、琉球王国や李氏《りし》朝鮮など、いくつかの国々とも別途交易した。また、薩摩《さつま》藩は「坊津《ぼうのつ》」でアジア諸国と、加賀《かが》藩は北米とも密貿易をしたとの記録も見られる。対馬藩の二元外交は有名である。

李氏朝鮮は、自国が「文禄《ぶんろく》・慶長《けいちょう》の役」の主戦場となった深刻さから、日本との善隣友好関係の構築には非常に熱心で、徳川将軍家の代替わりの時には、祝賀の外交使節「朝鮮通信使」を日本へ送って友誼《ゆうぎ》の証としていた。幕府側もこの友好使節を自らの政治的権威づけや正当性の主張に積極活用した。当時の徳川家が「朝鮮通信使」をどれだけ重視していたかは、その内容と予算を見れば一目瞭然である。年間予算はざっと一〇〇万両。「日本銀行金融研究所貨幣博物館」の試算をもとに算出すると、家康当時の計算で一両およそ一〇万円、一〇〇万両で一〇〇〇億円という途方もない額になる。

実はこの「朝鮮通信使」の応接にもクジラ料理が関わっている。通信使は一六〇七年から一八一一年まで合計十二回、日本へ派遣されたことがわかっているが、この使節の歓待にクジラ料理が出されたという文献が残っているのである。通信使が来日すると幕府側はその通行ルートを設定、周辺自治体である最寄りの各藩に警護と饗応《きようおう》を命ずる。各藩としては外交使節の応接で不手際があれば、立派な「お家断絶」の理由となるから、誠心誠意、精一杯に務めていたと思われる。

実際、一六三六年には応接にあたった安芸《あき》藩（広島県）四二万石の浅野《あさの》家が、朝鮮通信使の接遇のために食材としてクジラを購入したことが記録に残されているし、一六八二年には単にクジラ料理がふるまわれたとの記録だけではなく、より詳細なクジラ料理のメニューが残されている。「クジラの白身に、ニンニクやネギをにおい抜きとして使用し、酢みそで食する」という記述である。白身とはおそらく「脂皮」のこと。クジラの脂皮は、独特の脂っこさと食感を持ち、風味豊かな出汁《だし》がでるため、庶民には愛されていたようだ。関西ではいまでもお雑煮の中にクジラの皮を入れる風習が残っているが、これは多分、江戸時代の頃に考えられたものだといえるだろう。

「オリーブの塩漬けに似ており、味わい深い」

鎖国の時代にも、日本国内には少なからぬ「外国人」が存在したが、彼らもまた、クジラを食べていた。

その代表的な人物に、オランダ商館付医師で、のちに国外追放処分をうけながらも、幕府の外交顧問として返り咲いたドイツ人医師・シーボルトがいる。もともとシーボルトはドイツ医学界の名門に生まれた。父は三一歳の若さでなくなったが医学部教授をつとめ、祖父の代から貴族としてドイツ医学界にその名を知られてきた。一族の多くも医師または医学部教授であり、シーボルトもその名門の一員として多感な少年時代を過ごしたようだ。大学は父が教授を務めたヴュルツブルク大学へ進学。自らも医師を目指した。

大学でのシーボルトは主に医学を学び、同時に植物学者・エーゼンベック教授との出会いによって動植物や地理学の楽しみに目覚めていくことになる。卒業後は医師試験に合格し一度は開業医となるも、ドイツ医学界の名門の誇りが、いわゆる「町医者」でおわる平凡さに耐えられなかった。二年後、シーボルトはオランダへ移住。オランダ王侍医の紹介を得て、オランダ領東インド陸軍病院の医師となった。そしてそのまま長崎の出島にあったオランダ商館の医師として赴任していったのである。

赴任当初はドイツ人の話すオランダ語であったため、イントネーションの不自然さを日本側に怪しまれるようなアクシデントにも見舞われたが「自分はオランダの地方出身者である」といって、その場をうまくやり過ごした。

その後は、診療所兼用の医学校「鳴滝塾《なるたき》」を開設、天保九（一八三八）年に『戊戌《ぼじゅつ》夢物語』を草し、幕府の「異国船撃攘《げきじょう》策」に反対する高野《たかの》長英《ちょうえい》など五〇人以上の門弟を育て上げ、日本社会の近代的思想形成に影響を与えた。また、大学以来つちかってきた生物学や植物学に関する学問的探究心を遺憾《いかん》なく発揮する。日本各地を地理学的視点から観察し、幅広い情報収集によって「日本研究」をはじめた。実はこの日本研究の中に、クジラに関する事項も含まれていた。シーボルトはクジラに興味をもつとともに、自らも積極的に食したのである。

一八二六年、シーボルトは江戸に参府《さんぷ》するオランダ商館長に随行して各地を見聞することになった。参府とは徳川将軍家に対する表敬訪問のようなもので、さまざまな献上品を持参してご機嫌をうかがうオランダ商館の行事の一つである。

シーボルトはこの時の様子を『江戸参府紀行』という記録にまとめたが、この際に赤間《あかまの》関《せき》（現在の下関）に立ち寄り、平戸・生月島から来ていた益富家から、日本の捕鯨に関して聞き取り調査をおこなっている。わざわざ捕鯨関係者を自らの滞在先に呼び寄せ、彼らを診察する代わりにクジラに関して詳細な聞き取りをおこなったようだ。この時の体験をシーボルトは概要、次のように書き残している。

「クジラは日本では食用とされている。内臓、ヒレ、ヒゲにいたるまでクジラのすべてを食べ尽くし、西欧の人々の予想外の方法でクジラを利用している。ゆえにクジラは一頭あたり三〇〇〇両から四〇〇〇両もする」

そしてクジラを食してみた感想についても書き残している。

「わたしは度々クジラを食べてみた。生のまま食べたり、塩漬けにして食べたりするが、塩漬けの方がおいしい。日本人にはセミクジラやコククジラが好まれるが、脂身を塩漬けし薄くスライスしたものの味は、オリーブの塩漬けに似て味わい深い」

しかし彼自身は、あまりクジラを好まなかったと伝えられている。

「史観」を学ぶ大切さ

シーボルトに師事した高野長英は、岩手県水沢《みずさわ》の人である。一八三七（天保八）年、米船モリソン号が、伊勢の船員の音吉《おときち》など、シアトル郊外オリンピア半島のマカ族（コククジラを捕獲する原住民）に救済された難破船員なども乗せて、浦賀に到着したところ、「打払い令」に基づく攻撃にあい退散を余儀《よぎ》なくされた。

長英は、英米捕鯨船、交易船などは、人道的に開国と救助を求めており、打払い令は誤りであると反対。この意見は、日本の開国に大きく影響を与えた。しかし、鳥居耀蔵《とりいようぞう》らの陰謀により、長英は捕らえられ、投獄されるも、最後は自害したと伝えられる。

シーボルトと、その弟子の高野長英から、日本の捕鯨のもたらす影響を眺めることにしたが、こうした歴史を学ぶことは、結局「史観」を養うという点につながるとわたしは思う。

現在の日本は「地方分権」をさらに推進し、地域文化を尊重し、地域に生きる人々を主体に日本を再活性化させていこうという取り組みを盛んにすることが大切である。高度成長期の日本は、全国津々浦々を均一化、画一化し、中央からの補助金行政で、地方の衰退の速度を落とし、変化による負の影響を和らげてきたが、このような従前のやり方は、もはや通用しない。とうの昔に限界が来ているからだ。

地域が主体となって輝くために、たとえば、自然調和型、環境修復型の公共事業によって地域開発を進めていくこと。江戸時代の捕鯨のように、自国の二〇〇海里内の水産資源を回復させ、これを持続的に利用し、さらに付加価値を高めるなどの方法で浮揚《ふよう》すべきである。また、南氷洋にも五島列島や土佐および瀬戸内海などから、多くの技術者集団が参加して、地域経済の活性化に大きく貢献した。

地方は、地方にある自然資源や人材に頼るべきであり、補助金に安易に頼るべきではない。農業も農地がそこにあり、畜産業を営むに足る広い牧草地がそこにある。自立の精神で、地方にあるものを用い、地方独自の力で産業を興すべきである。それが江戸時代の網捕り式捕鯨であり、近代のノルウェー式捕鯨であった。その一方で、外圧に屈し商業捕鯨のモラトリアム延長を認め、捕鯨を切り捨て、地方を切り捨てることは、日本を切り捨てることにもつながりかねない問題をはらんでいる。

6、近世捕鯨を終わらせた二つの事件

クジラがもたらした日本の開国

日本の国際化がクジラによってもたらされたことは、紛《まぎ》れもない歴史的事実である。もしクジラの存在がなかったならば、日本史が大きく変わっていただろうことは疑いの余地がない。

石油が発見されるまで、マッコウクジラから搾り取られる鯨油は、他の植物油などと比較して、非常に品質が良かった。ロウソクに仕上げれば白く美しい火が灯《とも》り、購買者の人気が高かった。さらに、マッコウクジラは他の鯨類に比べて鈍重であって浮遊時には動きが鈍く捕獲がしやすく、死後も沈降しなかった。また巨体でもあったことから大量の鯨油もとれた。よってマッコウクジラはアメリカ捕鯨の主要ターゲットになっていく。

歴史は人間の営みの集積であるが、その営みは連続によって形作られている。一八五三年、浦賀《うらが》（現在の神奈川県横須賀《よこすか》市）沖に、東インド艦隊のマシュー・ペリー提督があらわれた。ペリーは一般に「黒船来航」で知られる人物であった。彼は日本に開国を求めにやってきた。理由は中国貿易の中継地点として、日本の補給・休息の提供を期待したこと、米国帆船捕鯨船への補給や難破船員の生命の安全の確保が目的であった。

西洋諸国の捕鯨の目的が鯨肉にあるのではなく、鯨油にあるのだということは繰り返し述べた。石油登場以前の生活や経済を支える「物資」として、膨大な量の鯨油が必要であり、際限のない乱獲が繰り返されてきたことも述べてきた。つまり、もうこの頃にはアメリカ近海で捕《と》れるクジラをすべて捕り尽くしてしまったのである。

一七七〇年、アメリカの捕鯨船舶数は一二五隻であった。しかしそのたった四年後には三六〇隻と、一挙に三倍にまで増大した。船を動かすのはタダではない。燃料や人員に始まってさまざまな費用を要する。一度船を海へ繰り出せば、必死になってクジラを捕獲する。他の船と競い合うようにクジラを求めて、より効率的に、他よりも早く、何より多く、クジラを捕獲しようと工夫を重ねる。

アメリカ式捕鯨が必要とする資源とは、クジラの二割程度の鯨油を搾り取るための「脂皮」と骨格が得られれば、あとは「不要品」であった。よってアメリカの捕鯨船は、クジラを発見するとただちに捕獲、クジラに船体を横づけし、船上でそのまま解体、臓器はすべて海へ投棄して次のクジラを追う。ひたすらこれの繰り返しである。そこには自分と同じ生命をもった存在としての敬愛の念などさらさらない。アメリカ式捕鯨は、クジラから鯨油を搾り取るための単なる「モノ」としてしか見なしていないから、捕獲方法も粗雑なものとなる。

アメリカ近海のクジラ資源はこうして枯渇した。そしてこの時代、石油はいまだ登場していないから相変わらず鯨油が必要となる。こうして外へ外へと繰り出し、行き着いた先が一八二〇年頃の日本だった。当時のアメリカは、マッコウクジラが豊富な日本近海を「ジャパングラウンド」と命名、約五〇〇隻ともいわれる捕鯨船団を繰り出し大規模な捕鯨活動に従事していたのである。

しかし、ここで問題が起こる。アメリカ本土から、はるばる日本の北海道・東北地方沿岸部にまで遠征してきたために、燃料補給に支障をきたすようになったのである。当時の捕鯨船は平均で一隻三〇〇トンクラス。当時としては大型の帆船であり、当然脂皮をしぼるのに燃料になる薪も大量に必要であり、加えて乗組員の食料や飲料水なども必要となってくる。あわせて、日本近海は荒れることが多かったから遭難事故も数多く発生した。しかしながら、日本は鎖国中。十分な人道的支援を受けることがない。

本来、ペリーの目的は自国の都合である中国貿易の中継地点と捕鯨船の安全操業の確保であり、日本を開国させて近代化させようとか、徳川幕府を転覆させて日本を民主主義の国にしようといった発想はなかった。それが証拠に、彼が締結した「日米和親《わしん》条約」は一二条から構成されているが、その大部分は捕鯨船の活動に関するものだった。

日本は人道に関する捕鯨船の救援についてはは条約に書きこむことに合意したが、通商については、それまで鎖国状態を保っており、これを直ちに推進することは拒否した。通商貿易が主要テーマになるのは、一八五八年に締結された日米修好通商条約を待つことになる。時代は少しずつ動く。ペリーは日本の開国に成功した。伊豆の下田《しもだ》と箱館《はこだて》（函館）が開港し、箱館はアメリカ捕鯨の中心地であった千島《ちしま》列島、ベーリング海・オホーツク海および日本海から東北地方沿岸部の捕鯨活動の中継基地になった。

日本捕鯨史上最大の犠牲

ところで、「網捕り式」捕鯨によって花開いた日本の沿岸捕鯨は、明治時代、一気に下火になっていく。理由は、アメリカ、イギリス、フランスなどの帆船捕鯨船による乱獲によってクジラの捕獲頭数が大幅に減少したからである。和歌山県の太地、長崎を中心とした西海捕鯨、土佐やその他の捕鯨を生業としてきた地域が捕鯨で生計を立てることができなくなっていった。

クジラがこちら側まで泳いでくるのを待っている日本式捕鯨と、こちらから船を出してクジラを追いかけていくのでは、はじめから勝負にならない。今まで日本が捕獲していたクジラを、はるか彼方の沖合で欧米の捕鯨国にすべてもっていかれてしまう。そして欧米は、鯨油生産が目的であるから、捕獲頭数はずっと多くなる。日本近海の資源の低下は著しかった。下火になるのも当然である。

こうした最中、捕鯨史上最悪の海難事故が太地で起こった。一八七八年の年の暮れ、和歌山の沖合にセミクジラの親子があらわれた。

それまでは、親子連れの場合には、捕りやすい子クジラをまず捕獲する。母クジラは子クジラのそばを離れようとしないから、子クジラを先に捕ると二頭捕獲できるのである。母クジラのみを先に捕獲した場合でも、子クジラは一頭で生きていけないから、結局は二頭捕獲できる。親子クジラは、捕獲対象として最適であり、「つつじ、つばきは野山を照らす、背美《せみ》（セミクジラ）の子連れは、納屋《なや》を照らす」と各地で語られていた。しかし、子クジラを守ろうとする母クジラは非常に凶暴になって、捕鯨活動のリスクを高めることも事実であった。

その日は、天候もはじめはあまり荒れていなかった。太地の漁師たちはクジラに向かって船をこぎ出した。この一年は、捕獲頭数が極端に少なかった。捕鯨の不振で村は長引く不況にあえぎ、年を越して家族団欒《だんらん》の正月を迎えるには、この親子クジラをどうしても捕獲しなければならなかった。そして、いったん捕獲には成功したものの、天候は急速に悪化する。母クジラが暴れ、仕留めるのに時間がかかり、曳航《えいこう》にも困難が生じていた。そうしているうちに、さらに天候が悪化、激しい風雨が船を襲い、沖合へと流してしまったのである。せっかくの獲物を手放して、身軽になるべきであったが、彼らは捕獲したクジラにこだわった。それが大惨事になった。

結果、クジラと船ごと、海の中に引きずりこまれた。約七〇名が生存したものの、一一〇名の尊い人命が失われることとなった。八名は伊豆諸島の神津島《こうづしま》にまで流されて救助された。黒潮に乗って助かったのだ。

この「大背美流れ《おおせみ》」という事件をきっかけに、「子連れのセミクジラは夢にも見てはならない」という教訓を肝に銘《めい》じることとなる。太地の人々の心に傷として残った。そして、和田頼元が創設し、太地角右衛門頼治が鯨組の頭領となって以来、二七〇年間以上にわたって継続した鯨組は消滅した。同じ頃、千葉の醍醐《だいご》組をはじめとする日本の沿岸捕鯨も終焉《しゅうえん》を迎えていくこととなる。

幕末・明治維新という時代は、日本人が、生まれながら自分の将来がすべて決定されていた。思想の自由も、職業選択の自由もなく、人口の九割を占めるといわれる農民は、土地にもしばられて自由に移動することができなかった。それが、明治時代以降は、天皇制の下ではあるが、少しずつ個人の自由が認められるようになった時代でもある。それまでの鎖国時代から外部の空気が入りこみ、文明開化が起こり、世界の思想や哲学なども移入され、人間性の向上について、日本人自身も考える時代に入った。

捕鯨も、近代的ニーズが高まったのである。日本近海で我が物顔にクジラを捕獲していくさまを見せつけられた我が先達は、これに悔しさを感じ、「遠洋漁業奨励法」を定め、近代捕鯨の導入を急ぐ。あわせて、幕藩体制の慣習的な漁業慣行を改め、明治の漁業法（明治四三年制定）に体系化するのであった。

ところで、ペリー提督の来日と、開国要求があと五年遅れていたら、日本の明治維新や開国も五年遅れたかもしれない。そうすると、日本の近代化は遅れたであろう。軍備の近代化も充分ではなく、日清戦争も起こらなかったにちがいない。それでもロシアの南下政策は着々と進み、満州から朝鮮半島にかけて占領され、あるいは一時的にロシアが占拠したことのある対馬なども占領されていたかもしれない。

歴史に仮定の話は通用しないが、米国が捕鯨船の安全確保などを目的とした開国要求を、一八五三年から大きく遅れておこなった場合、日本の国のかたちは、また大きく違ったかもしれない。「クジラが歴史を変えた」という表現も、大げさではないと思えてくる。

第二章　鯨食は生きている

1、鯨肉はどこから来ているか

クジラを供給する三つの方法

戦後、さまざまな人々の熱意と努力によって、日本の捕鯨活動が再開した。鯨類資源の豊富な南氷洋へと数々の船団を送り出し、戦後の食料事情の改善に貢献したのである。一九五八年には一三万八〇〇〇トン、最盛期の一九六二年には二二万六〇〇〇トンもの生産量があり、戦後日本人の空腹を満たし栄養状態の改善に大きく貢献した。安価で栄養価の高い食品として、鯨肉は日本人とともに戦後の高度成長期を駆け抜けたのである。

しかし、一九八二年に「商業捕鯨モラトリアム（一時停止）」の採択によって商業捕鯨ができなくなると、日本の捕鯨活動も次第に苦境に立たされることとなった。そして現在の鯨肉供給量は、最盛期のわずか〇・二パーセントにまで落ちこんでいる。

いわゆる「捕鯨活動」が、環境団体の政治運動と反捕鯨国によって禁止に追い込まれ「商業捕鯨モラトリアム」が採択された。これは科学と条約を無視したものであった。

日本は直ちに、異議申し立てをおこなったものの、米国が、アメリカ二〇〇海里水域の我が国漁船への漁獲割当量を初年度に半分にし、二年間でゼロにするという「パックウッド・マグナソン法」をもって圧力をかけ、我が国は一九八五年に「商業捕鯨モラトリアム」に対する異議申し立てを取り下げた。

今から思うと、一九八八年に事実上ゼロになる割り当てをどうして見通せなかったのか。沿岸捕鯨まで、どうして一時停止しなければならなかったのか。不可解な点が残る。

けれども、日本からまったく鯨肉がなくなったわけではない。年に約五五〇〇トンという非常に少ない供給量ではあるけれども、あいかわらず日本は国民に鯨肉を提供しているし、鯨肉を愛好する人々は変わらずに存在する。それはなぜなのだろうか。主な合法的供給源は三つである。

(一) 調査捕鯨によるもの（「国際捕鯨取締条約」第八条に基づく）

（二）定置網漁業の混獲《こんかく》によるもの（「農林水産大臣省令」で定める）
（三）ＩＷＣの管轄外のクジラ類を、沿岸捕鯨業で捕獲しているもの（「農林水産大臣省令」などで定める）

となっている。

まず、（一）でいう「国際捕鯨取締条約」第八条に基づく捕鯨についてであるが、世界には捕鯨に賛成の国と反対の国が存在する。しかし、捕鯨反対国の主張が科学的な調査に基づいているものとは到底思えない。「国際捕鯨取締条約」では科学的根拠による捕鯨活動を謳《うた》っている。したがって、日本は商業捕鯨の再開に必要な、科学的データを収集することが大切であると考えており、そのために必要なサンプル数のクジラを捕獲する。これは国際捕鯨委員会が認めた同条約第八条に基づく加盟国の権利である。

かつての乱獲で激減したクジラは、実は増えつづけている。たしかに、世界で二〇〇〇頭あまりしか存在しない世界最大の「シロナガスクジラ」などは、これからも積極的に保護すべきである。

けれども、ミンククジラは七六万頭（今後、新しい資源量で算定するにしても、三八万頭から七一万頭の数量が、二〇一〇年のＩＷＣ科学委員会では検討された。いずれにせよ充分な頭数）も存在しているし、マッコウクジラにいたっては二〇〇万頭も存在する。ミンククジラは繁殖力が強く、またマッコウクジラは集団で行動するため、四、五年に一回の出産だが、初期の死亡率が低い。これらを対象とした捕鯨活動は、むしろ再開しなければならない。

そもそも「イワシ」が激減していることをもって「世界中のイワシが激減しているから、サンマもサケも食べるのをやめよう。理由は同じ『魚』だからである」と主張する人はいない。にもかかわらず、ＩＷＣでは、シロナガスクジラが減ったからすべてのクジラを捕獲禁止にしようとの決定がなされた。「商業捕鯨モラトリアム」は、こういったまったく誤った考え方で実施された。だから、その誤りを明らかにするためには、クジラが増えていることを科学的に調査し、データを収集するための調査捕鯨をおこない、補強する必要がある。

同時に、乱獲を禁止した国際条約である「国際捕鯨取締条約」第八条の第二項は、捕獲したクジラの有効活用を義務づけているから、調査を終えたクジラを「鯨肉」として市場に供給させることが前提であって、そのまま海洋投棄する西洋流の商業捕鯨の処理方法を禁止している。副産物である鯨肉を販売することは条約上の義務なのだ。むしろ販売して消費しなければならない。

日本の調査捕鯨を「疑似商業捕鯨」と中傷する環境団体は、条約の条文を読んでいないか、理解できないか、または意図的に誤った解釈を蔓延《まんえん》させている。もし、意図的にやっているのであれば、名誉毀損《きそん》に値する行為ではないか。

次に、(二)の定置網の「混獲」とは、文字通りクジラなどの鯨類が定置網にかかってしまうことを意味している。つまり、サバやマグロなどと同様に、網にクジラが入ってきてしまう。このような場合には、二、三の希少種を除いて、混獲したという事実の報告を監督官庁にあげるということと、DNA鑑定をおこなうことを条件に、混獲した側の判断で、適切に処理をしてよいということに定められた。ただ、適切な処理とは結局、資源を有意義に活用するということであるから、「鯨肉」としてこちらも市場に提供される。

IWCの対象となる「捕鯨業」とは、「銛《もり》づつ(捕鯨砲)」を用いて、鯨類を捕獲することをいうと条約上定められている。したがって、受け身の漁法である「定置網漁法」は、捕鯨業には該当しないので、条約の対象外である。よって、農林水産大臣省令で規制することにより、合法化したものである。

最後に、㈢の「IWCの管轄外」の捕鯨についてである。世界には、約八七種類のクジラ類が存在するといわれる。一番大きなものはシロナガスクジラの三〇メートルで、一番小さなものは一・五メートルのコシャチイルカであるが、そもそもクジラとイルカのちがいは、体長の大小に過ぎない。体長四メートル以上を「クジラ」と呼び、それ以下の種類を「イルカ」と呼んでいるのである。

最新種の「ツノシマクジラ」を入れて、約八七種類も存在する鯨類の中で、IWCが管理の対象としているのは一五種類でしかない。それ以外の七二種の鯨種については、最初から国際捕鯨委員会の管轄対象外であるのだから、対象外の鯨種を捕獲しようがしまいが、法的には問題がない。しかし日本は、科学的根拠に基づき、自主的に捕鯨枠を設定し捕獲を許可している。

以上、前述した㈠～㈢のいずれかの合法的手段によって、日本は「クジラ」を捕獲ないし利用し、同時に獲得したクジラを「鯨肉」として市場に供給しているのである。

日本人は主に八種類のクジラを食べている

では、調査捕鯨などによって得られた鯨肉は、どのような流通過程を経てわたしたちの家庭へとやってくるのだろうか。

まず、調査捕鯨は日本政府の許可を受けて、「財団法人・日本鯨類研究所」がおこなう。実務、つまり船を出したり実際にクジラを捕獲したりといった作業に関しては、日本鯨類研究所から委託を受けた「日本共同船舶株式会社」がおこなう。共同船舶は、その名があらわすように、戦後の遠洋捕鯨において活躍をしていた捕鯨会社大手三社と沿岸捕鯨三社が、共同出資して設立した「共同捕鯨株式会社」の後進である。しかし現在は、その株式を引き上げており、まったく関係はなくなった。

獲得した鯨肉は、日本鯨類研究所が有識者の意見を聞き、制定ないし改定する販売要綱に基づいて、学校給食用などの「公益枠」と一般消費者向けの「市販枠」に分けられ、市販枠については「家計調査」による過去の販売実績などをもとに、東京「築地市場」などをはじめとした、全国各地の「中央卸売市場」へと行きわたっていく。

市販枠用に割り当てられる鯨肉は、八割以上にも達するが、それでも価格決定は、いわゆる「経済原理」によって決められるのではない。鯨肉という特殊な食料の性格上、クジラの部位単位にいたるまで検討がなされ、コストおよび過去の価格動向などから決定される。これは翌年以降の調査捕鯨の実施をまかなう。収入を上げることにより、調査活動の継続を可能とするためである。したがって、日本国民が鯨肉を購入しなければ、いずれは調査捕鯨が実施できなくなる。購入してもらうことによって国民からの支持を得ることが、非常に重要なのである。

では、実際に市場に供給され、わたしたち日本人が食べている鯨種は何だろうか。わたしたちは何クジラをどれくらい食べているのだろうか。

具体的なクジラ種に関して述べれば、大型鯨類が五種、小型鯨類が三種である。内訳は、大型鯨類が体長の大きなものから順に、ナガスクジラ、イワシクジラ、マッコウクジラ、ニタリクジラ、ミンククジラの五種となっている。小型鯨類に関してはツチクジラ、マゴンドウクジラ、ハナゴンドウクジラの三種となっている。

いま述べた鯨種がどのようなクジラであるかは、簡単にその特徴を述べよう。

【ナガスクジラ】　クジラ類の中で二番目の大きさを誇る大型のクジラ。体長約二五メートル、体重約五〇トン。あごからお腹にかけての模様が「蛇腹《じゃばら》」で、その長さが「簀《す》の子」に見えることから「長須《ながす》」と名づけられた。ナガスクジラの肉は、多くの日本人が好む味を持つといわれている。

【イワシクジラ】　体長約一八メートル、体重約二〇トンの大型のクジラ。イワシのように小さいという意味ではなく、イワシの群れと一緒にいることが多いことから名づけられた。もちろんイワシを食べるために一緒にいるのである。

【マッコウクジラ】　オスは、体長約一六メートル、体重約四五トン。メスは小さく、約一一メートルで、体重約一五トン。潜水上手で、深海性のイカと底魚をエサとしている。メスは九歳くらいで性成熟するが、オスは一〇〜二〇歳に思春期を迎え、三〇歳くらいから能動的に繁殖に参加する。名前の由来となった「マッコウ」は、腸につまった脂状のもので、古来より香料として珍重された。

【ニタリクジラ】　体長約一〇メートル、体重約一五トン。イワシクジラに一時分類されていたが、その中でもナガスクジラに似ていることから「(ナガスに)似たり」ということで「ニタリクジラ」と名づけられた。しかし、土佐の捕鯨などを解説した古文書には「カツオクジラ」と命名されていた。このクジラはカツオの群れと一緒に泳ぐことが多いからだった。

【ミンククジラ】　体長約八メートル、体重約八トン。ノルウェーの高名な射撃手マインケ氏にあやかって命名された。日本では、イワシクジラを小さくしたような外観から「コイワシクジラ」と名づけられているが、現在この名称はほとんど使われていない。

【ツチクジラ】　体長約一〇メートル、体重約一一トン。頭の形が「木槌《きづち》」に似ていたことから命名された。IWCの管轄外の小型鯨類で、日本海、オホーツク海南部、北部太平洋に生息する。日本の沿岸で捕獲されたものは、「タレ」などに加工されて流通している。

【マゴンドウクジラ】　オスは、体長約五・五メートル、体重約二・五トンで、メスはやや小さい。「コビレゴンドウクジラ」の一種(南方型)で、これよりひと回り大きいのが、北方型の「タッパナガ」である。沿岸小型捕鯨で捕獲される。

【ハナゴンドウクジラ】　オスは、体長約四メートル、体重約三五〇キロ。吻《くちびる》はなく、太った魚雷形の体型で、後ろにいくほど細くなる。温帯から熱帯にかけて広く分布し、日本の太平洋沖に頻出《ひんしゅつ》する。沿岸小型捕鯨で捕獲される。

二〇〇八〜〇九年度調査において、南氷洋から約二五〇〇トン、北西太平洋から二〇〇〇トン、そして定置網漁業や、沿岸小型捕鯨業などから約一〇〇〇トンの合計五五〇〇トンが供給されている。

この他、輸入による鯨肉供給もおこなわれている。二〇〇八年にはアイスランドから六六トン、二〇〇九年にはノルウェーから約六トンの鯨肉輸入がおこなわれたが、二〇一〇年九月末には、六三〇トンのナガスクジラの鯨肉輸入がおこなわれた。

これは、アイスランド捕鯨会社の社長であるロフトソン氏の地道な努力によるもので、ミンククジラに比較しても、約半分の価格の比較的低価格で販売されており、今後の販売の浸透が見込まれる。ロフトソン氏は、年間約一五〇〇トンまでの対日輸出が可能であると語っている。

2、いちばんおいしいクジラは何か？

ナガスクジラとミンククジラ、どちらがおいしいか

クジラに関わる仕事をしているゆえ、時おり、「クジラの種類によって、味は違うのか」「いったい、どのクジラが一番おいしいのか」といった質問を受けることがある。

味覚は個人の感覚や嗜好《しこう》によって千差万別であり、具材の部分の選定やコンディションによっても大きく変わり、さらに調理方法によってもまったく違った結果になるから、一概にどのクジラがおいしいとは決められない。ただ、その回答では多くの方々にご納得いただける場合が少ないので、あくまで私見の一つとお断りをさせていただいた上で、次のようにお答えすることとしている。

まず、世界に八七種類あるとされる大型・小型の鯨類群は、大きく分けてハクジラとヒ

ゲクジラに分かれる。ハクジラは、マッコウクジラやイルカのように歯の生えたクジラであり、ヒゲクジラは本やテレビや写真集で出てくるような、一般的に「クジラ」だと思われている種類であって、上あごの歯茎《はぐき》の部分が、ヒゲに変化し、そのヒゲで水を通過させ、エサだけを「捕食」している。そしてヒゲクジラとハクジラを比較した場合、ヒゲクジラの方がおいしいというのが定説である。それには食生活と生存環境が多分に影響している。

ヒゲクジラがオキアミ、小魚、カイアシなどの小型甲殻類を中心に食べているのに対し、ハクジラは小魚を食べる。イカやスルメイカ、場合によっては大王《だいおう》イカなどの大型生物まで食べている。シャチにいたっては、コククジラやアザラシなどまで襲って食べてしまう。イルカなどのハクジラは、比較的小型で、泳ぐスピードがヒゲクジラよりも速いことから筋肉が締まって肉質が固くなる。そして、ヘモグロビンやミオグロビンの含有量が多く、そうした色素の作用によって特有の匂いを持っているのである。

では、ヒゲクジラの中ではどのクジラが美味だとされるのだろうか。一二種類いるとされるヒゲクジラだが、捕獲できるものが制限されてしまっているので、全種を食べくらべることは困難である。ただ、その時代の美味は、流通量とのあいだに深い相関関係がある。人間は、食べる機会が多いものをおいしいとするからだ。つまり、食べ慣れているかどうかが、味の好みを左右すると考えられる。

近頃では、流通量トップのミンククジラをおいしいという人が多い。商業捕鯨が盛んな頃は、ナガスクジラが最もおいしいといわれた。このクジラは、比較的白色やピンク色の筋肉質である。一方のミンククジラは、鉄分が多いため、肉は黒赤色であり、それによって味覚も異なってくる。

ところで、好むクジラの種類に地域特性などはあるのだろうか。その答えを、いわゆる「お国料理」に見ることができる。全国を北から順にざっとながめてみれば、北海道の網《あ》走《ばしり》はミンククジラを好み、正月料理の定番として「クジラ汁」を味わうし、同じミンククジラを好む東北宮城の鮎川《あゆかわ》では、慶弔《けいちょう》ごとのお料理にミンククジラの刺身が欠かせない。さらに千葉県の和田《わだ》ではツチクジラの保存食「タレ」が愛され、和歌山県の太地《たいじ》町ではゴンドウクジラの刺身が祭礼の際に食べられているし、山陰の山口ならびに九州の福岡や大分では、畝須《うねす》や本皮の塩漬けを好む。また、同じ九州でも佐賀ではおもむきを大きく変えて、軟骨を粕《かす》漬けにした「松浦漬《まつうらづけ》」を名物としているし、宮崎や鹿児島では赤肉よりも内臓の消費が多い。

クジラの味わい方に地域性が出る。つまり、クジラ料理にさまざまなバリエーションがある理由は、どのクジラが入手可能だったのか、あわせて、使用できる野菜が、どんなものであったのかなどによるものであろう。

北海道の松前《まつまえ》や函館に住んでいるからミンククジラを好きになるのではなく、ミンククジラが入手できる環境にあるから、ミンククジラの料理を好むといったことになるだろう。

ちなみに現在までの研究では、これらの地域は、北前船《きたまえぶね》による交易によってクジラを入手したと推測される。青函《せいかん》海峡には、それほどクジラの来遊は多くなく、安定して入手できる環境にはなかったと考えられる。よって、江戸時代にはセミクジラなどを主体としていたと考えられる。

大切なことは、どんなクジラでも、わたしたちの祖先はベストな方法で味わってきたということだ。そのクジラの最高の味わい方を編み出し、地域が誇る食文化の水準にまで高めてきたのである。

「どのクジラが一番おいしいか？」との問いには、「それぞれのクジラについて、わたしたちの先達は、入手可能なクジラの一番おいしい味わい方を発見してくれた。だからこそ次の時代に向けて、この文化と知識を継承していかなければならない」という答えになるのだろう。

鯨肉の流通を守るということ

最後に、わたしたちがその答えを実践するために、すなわちこれからもおいしいクジラを食べるために必要なこと。それは、一にも二にも消費者としての声を、しっかりと世界と日本国内に向け発言・発信していくことだと思う。クジラは豊富にあり、健康食品であり、そして豊富な料理方法が、伝えられているということを発言・発信することだ。

まかりまちがっても、クジラはわざわざ食べる必要がないなどと、自分の誤った、または偏《かたよ》った意見を押しつけたりしないことだ。いつ、鳥肉、豚肉、牛肉に供給の大幅な減少がやってこないとも限らない。その時には、持続的に捕獲され、自然の生態系の中で、索餌《さくじ》し、排泄物も自然のサイクルに戻っていくクジラが、もっとも環境に優しい食べ物と理解されるであろう。

今、クジラだけではなく多くの水産物の流通が大変な変化に見舞われている。昔はどの街にも必ず一軒はあった「魚屋さん」が次々とシャッターを下ろし、かつて網の目のように全国に張り巡《めぐ》らされた流通ネットワークが寸断され、スーパーやコンビニなどの大型チェーン店に取って代わられている。もちろん、商店の経営形態は時代や利用者のニーズによって適宜《てきぎ》変わっていくものである。問題は、効率化・大規模化をキーワードに急成長を遂《と》げてきた外資系企業や国際化した企業が、外圧や感情的な世論に弱く、環境団体による政治的キャンペーンなどの圧力には、たやすく屈してしまう点にある。

彼らはたとえば「捕鯨は環境破壊だ！」と強く主張されれば、それが明らかに事実に反する主張でも、商売で妨害されて不利益を被《こうむ》ること、すなわち、目先の利益のみを考えて、環境団体の要求に屈し、鯨肉をあつかうことをあっさりと止めてしまう。

よって、わたしたち消費者は都会であっても地方であっても、鯨肉の缶詰やベーコンなどをごく限られた店でしか、それも限られた時期にしか入手することができない。つまり鯨食へのアクセスが極めて少ないのである。

しかし「郷に入りては、郷にしたがえ」という。白人の文化で表現するなら「ローマにおいてはローマ人のように振る舞え」である。少なくとも本社が日本にあり、あるいは事業主体が国内にあり、またはマーケットが地域社会に存在するならば、「日本企業」としての矜持《きようじ》と責任を持つべきではないだろうか。日本人相手に商売をし、日本のマーケットで自分たちの生計を立てようと思うなら、お客である「日本人」のために必要なことは何かについて、もっと真剣に考えるべきだとわたしは思う。

日本国は持続的利用の原則で、資源が豊富なクジラを捕獲し販売することを、国の基本方針としてかかげ、長らく鯨肉を供給してきた。会社としても、その世界に通用する原則に沿った商売をすることが、企業の社会的責任であると思う。

築地市場に関しても、一部大規模小売店や特定外資系企業による圧力を陰に陽に受け、鯨肉を扱いづらい厳しい状況においやられていることも聞いている。

「捕鯨は環境破壊だ！」と環境団体は主張する。それはまったく誤りである。むしろ捕鯨は、環境保護に直結する。一方で、電化製品を作ることも自動車を作ることも立派に環境を破壊している。およそ人間が生きるということは環境を破壊して生きるということと等しい。大切なことは、いかに環境負荷を少なくして、持続可能な形でわたしたち日本人の食料環境を守り続けられるかという点であろう。

世界の穀物の主体となるトウモロコシの年間消費量（二〇〇七年にFAO資料から日本経済新聞社が試算したもの）は、七億五九〇〇万トンであり、その六四パーセントが、実は家畜のエサである。これは結果的に、肉の生産にあてられる。二〇〇七年の畜肉の生産量九六〇〇万トンが、二〇一九年には一億一九〇〇万トンに達するとみられているが、肉の生産にはその一〇倍の飼料穀物と百万倍の水が必要とされる。

鯨肉は自然に優しい環境保護のシンボルとしての食糧であり、環境負荷の少ない食肉である。エサもあげずに、ただ捕獲し解体するだけで多くの人間の胃袋を満たし、多くの海の恵みをわたしたちにもたらしてくれる。排出された糞尿《ふんにょう》も、自然のサイクルの中に還《かえ》っていく。鯨肉は健康食であり栄養食である。そして、日本人の未来食として鯨肉を食べ、鯨肉を消費することが、真の地球環境の保護に貢献し日本の食文化を守ることを、読者には理解してもらいたい。

一度停滞したものの復旧には、停滞した年月以上の多くの歳月と努力が必要になる。鯨肉の消費の減退は、まさにこれに該当しよう。しかし「意思あるところに道はひらける」という。努力を継続すれば、必ず豊かな鯨食の時代が訪れる。何ごとも継続が大切だ。国民一人ひとりの声が重要だ。だからこそ「あなたのお店で鯨肉をあつかってほしい」と、地道にいいつづける努力が必要であろうと思っている。

3、忘れ得ぬ鯨食の記憶

白いご飯に「鯨の大和煮《やまとに》」が楽しみだった少年時代

東北の捕鯨が盛んな漁村で育ったわたしは、捕鯨会社としてかつて名を馳《は》せた極洋《きよくよう》、ニッスイ、大洋漁業などの缶詰を食べて育った。「大和煮」と呼ばれる、砂糖や醬油や生姜《しようが》などで濃厚な味つけをした伝統料理の缶詰で、鯨肉の場合は鯨ベーコンに使用する「畝《うね》須《す》」の部分を缶詰にして売っていた。わたしの故郷でも九州と同じく、赤肉よりも畝須を食べる習慣があったことから、捕鯨会社各社が東北を重点販売地域として「クジラの大和煮」をたくさん商っていたのである。

缶詰を温めて、中から「須の子」を取り出すと、ほどよく「須」の部分が裂けるようにこぼれだして広がる。そのアツアツの「大和煮」を白いご飯にかけて食べると、甘辛い風味が鼻腔《びこう》をくすぐって、たまらない気持ちになった。

わたしの少年時代は日本全体がまだまだ高度経済成長期に入ったばかりで、牛肉・豚肉・鶏肉は高級品だった。また漁村であったことから、おいしい魚には恵まれても、普段から肉を食べる習慣はなかった。それほど食べたいとも思わなかった。生の鯨肉も食べた経験はなく、刺身は農水省に入省後、捕鯨を担当してからであった。しかし、鯨肉の缶詰だけは別物で、今でも時おり食べ、子供心にも非常に嬉しかった時のことを思い出す。

大阪の「さえずり」と「ハリハリ鍋」

上京してからは、それまで漁村出身で新鮮な魚を日々食べ続けてきただけに、東京の魚とのギャップが相当に大きく、次第にあまり魚を食べなくなっていった。魚ですらこのような状態であるから、クジラにいたっては皆無といってよい。

そんなわたしの固定観念をくつがえしてくれたのが、大阪の「徳家《とくや》」だ。ここは、大阪千日前《せんにちまえ》にあるクジラ料理の専門店として知られた名店である。

捕鯨問題に関わりはじめた一九九一年、何かの会合で和歌山県の太地《たいじ》へと出かけた。太地であっても、当時は自由にクジラを食べられるような状況ではなかった。太地では、定置網のイカ、サヨリ、サワラ、アジなど、口福を味わった。太地の人々は、他所からの客人には自分たちが食べている日常食を提供することを失礼と考えていたが、わたしにはそれがよかった。鯨肉料理も冷凍の南氷洋産は、おいしいとは思えなかったからである。

その足で大阪へ出向いたところ、そこで出会ったのが「徳家」である。これほどおいしいものがあることに驚いた。はじめて本格的なクジラ料理に接することになったが、当時はアイスランド産の鯨肉がたくさん残っていたのである。

まず、「さえずり」を食べた。さえずりはクジラの舌で、「あんかけ」のような汁の中に入っていて、マグロの大トロ以上にやわらかく、上品な脂分がのっている。きめ細やかで、それでいてスルッと食べられる。これ以降、さえずりが好きになってあちこちの店でさえずりを食べてみたが、「徳家」以上のさえずりには出会ったことがない。

つづいて、尾《お》の身の「ハリハリ鍋」が出た。ハリハリ鍋は水菜と一緒の鍋物料理で、シンプルなのに非常に奥行きのある料理である。尾の身に片栗粉をまぶして下ごしらえし、軽く茹《ゆ》でてスープが染みこみやすくしておく。そしてシャキシャキした水菜が煮え過ぎないよう絶妙の火加減で煮込み、唐辛子などで味つけをする。かつお節などの魚介由来のスープと相まって、陶然《とうぜん》とするようなおいしさである。

「徳家」のよさは何といっても着眼点に尽きるだろう。創業当時の一九六七年、当時はまだまだ鯨肉は大衆食だった。学校給食の主役でもあったし、カレーや竜田揚げなど、牛肉や豚肉に鶏肉などの「代用肉」としての地位を占めていた。「徳家」は庶民的な鯨肉をつかって、手間ひまと工夫を凝らして、大衆料理であったクジラ料理を格式高くグレードアップした。時代の最先端にあったと思う。

女将の大西睦子《おおにしむつこ》さんは、日本の伝統食文化である鯨食を守り、クジラ料理のよさを世界に認めさせたいと奔走していた。捕鯨再開の情熱にまさり、九一年のＩＷＣ総会では徳家

洗練された「徳家」のクジラ料理。写真（上）が、「さえずり煮」、（下）が「ハリハリ鍋」である。

のクジラ料理を外国人に振る舞い「捕鯨外交」を民間の立場で展開し、それ以降も京都会議やメキシコ会合などにも、ＮＧＯとして積極的に参加した。

その大西さんの悲願は料理人の地位向上である。欧米の諸外国では、国が叙勲《じょくん》をしてまで、料理人の自己研鑽《けんさん》に対して敬意を表するのに、日本の料理人は技能がありながら、正当な評価を受けられていないという状況を残念に思っていた。いつも、「小松さん！　外国に行けば、あたしたちは、役人のあなたより偉いのよ！」とカラッと明るく笑っていたのを思い出す。

新潟のクジラ汁

クジラ汁も忘れ難い。これは全国各地にさまざまな調理法がある伝統食で、食す時期も地域ごとに異なっている。新潟でのクジラ汁は、主に夏バテ防止の料理として知られてきた。土用の丑《うし》の日にうなぎを食べるような感覚で、新潟では積極的に食べられてきた。

塩漬けした「塩皮」を薄く短冊切りにし、ナスやじゃがいもやタマネギと一緒に煮る。好みで茗荷《みょうが》やかぼちゃなどを入れてもよいようだ。わたしは一〇年前、新潟でひらかれ

郷土の特徴があらわれる「クジラ汁」。夏に食べられる新潟のそれは、暑気をはらうための具の取りあわせが好まれる。写真のものは、ナスが入るが、夕顔を入れることもある。(写真提供／にいがた食の陣 実行委員会)

た講演会に呼ばれて、終了後のパーティでこれを食べた。シンプルながらも滋養によい塩鯨の味わいに、伝統食の偉大さを噛《か》み締めるような思いがしたものだ。

ドジョウ専門店のクジラ鍋

伝統を守る努力は並大抵ではない。それが、一〇〇年、二〇〇年にも達するものであればなおさらである。

食の伝統を守ることは、日本の歴史と文化を守ることだ。そのたゆまぬ努力において、わたしが尊敬して止まない名店が東京にある。ドジョウ料理を愛する食通の間で、知らぬもの一人としていないであろう、浅草《あさくさ》の「駒形《こまがた》どぜう」である。

同店は一八〇一年創業、ドジョウ一筋二一〇年という伝統を誇る老舗料理店だ。実はこの店で、クジラ料理を堪能《たんのう》することができる。一八四〇年、二代目店主の「越後屋助七《すけしち》」が、風流と粋を愛する江戸っ子気質であったために、「小さなドジョウを商う料理屋が、江戸で一番大きなクジラをさばいて提供したら、さぞ話題になるだろう」と思い立ち、ク料理を庶民的に提供することを決意した。わざわざ大坂《おおさか》の「五十鯨《いさばや》」という乾物商まで買いつけに行き、江戸っ子が愛するクジラ料理を提供したのである。

冷凍保存の利《き》かない時代、赤身は傷みやすいから、塩漬けにしたクジラの本皮を使い、「クジラ汁」と「クジラ鍋」という料理を提供することにした。調理前にクジラの皮を軽くゆでて塩抜きし、香り高いゴボウを味噌で煮込んだものが「クジラ汁」、そして、同じものを割り下で煮込んだものが「クジラ鍋」となる。どちらも風味豊かな味噌や割り下が、クジラ特有の濃厚な旨味を引き出し、ほのかな甘みがただよい食欲をそそられる。

わたしが同店を訪れた時は、ご当代の店主に勧められ、熱々のクジラ鍋の具を炊きたての白飯にバッとぶっかけてかき込んでみた。なんともいえない心地よさを感じると同時に、江戸っ子の鯨食文化を味わうことの幸福感と、この味のために多くの方々の血のにじむような努力があったことを考えると、同店の食文化の担い手としての気概というか、志のようなものを感じ、とても嬉しくなった。

今、多くの日本人が鯨肉を食べなくなっている。それは日本人が鯨肉をきらいになったからではない。ひとえに供給側の工夫にまだまだ改善すべき余地があるからだ。クジラが売れないと嘆く前に、鯨肉の在庫量が多いと落ちこむ前に、政府と供給元である「財団法人・日本鯨類研究所」は、デスクワークだけではなく、もっと現場でのセールスを心がけ、日本国内のどこでも鯨肉が入手できるよう工夫をするべきではないだろうか。消費者の皆さんには、スーパーやコンビニにいき、鯨肉を買い求めてほしい。店頭になければ、どうして鯨肉がないのか店員に尋ねてみてほしい。また、たまの休日にはクジラ料理専門店に足を運んでほしいと思っている。

この本で紹介した料理や店は、皆、手に入り難い鯨肉をいかにおいしく味わうのかということに、心を砕いてきた先人の鯨食文化の開拓史でもある。ぜひ大切にしてほしいものだ。

札幌の名店が消える

本書を執筆中、さびしいニュースが届いた。札幌で「おばんざい くじら亭」を構える野口真希《のぐちまき》さんからメールがあり、創業三〇年を迎えるお店をいったん閉じ、充電期間に入るのだという。昨今の我が国の捕鯨環境をとりまく国際情勢の厳しさから、「お客さんに安くていいものを提供できない。本物を食べさせられない」ことが原因とのことだった。

本当に残念だ。これで「鯨のカルパッチョ」など、いつまでも若く、みずみずしい感性を失わない野口さんのクジラ料理を、しばらく味わえなくなるのかと思うと、さびしい気持ちになる。

野口さんは、料理店の女将でありながら東京農業大学客員教授もつとめるという異色の経歴を持つ。開業当初は北海道随一の歓楽街「すすきの」の真ん中で店舗を構え、その後札幌の「時計台」へと店を移した。

三〇年前の日本は、鯨肉供給が豊富で、煮ても焼いても生でも、どのような形でも食することが可能であったことから、クジラ料理の提供をしようと思い立ったとのこと。以来、「マクドナルドのハンバーガーと同じように、人は食べるから味覚に残り、記憶に残る。幼少時の記憶が非常に重要だ。鯨食文化の発展のためには『食育』を通じた活動が大切だ」との思いから、全国各地の講演や、北海道大学や東京農業大学の現役学生たちとの協働によるフィールドワークも積極的に引き受け、我が国鯨食文化の発展に地道な貢献をしてきた。

はじめて野口さんと出会ったのは、たしかＩＷＣのモナコ会議の頃であったと記憶する。当時のわたしは、水産庁の捕鯨班に所属し、国際交渉の最前線で、世界を相手に「調査捕鯨」の拡充と商業捕鯨の再開に向け、丁々発止《ちょうちょうはっし》のやりとりをしていた頃である。以降、ＩＷＣのソレント会議など、さまざまな場面で野口さんとの出会いを重ねた。気さくで明るい野口さんの人柄には啓発されることも多く、わたしの友人知己の中で忘れ得ぬ人の一人でもある。

　今後、野口さんは東京農業大学のオホーツクキャンパスで教鞭をとり、同大を活動の中心軸として我が国鯨食文化の発展に貢献していくのだという。今まで津軽《つがる》海峡でのクジラ目視の活動に当てる原資を、学園祭でのクジラ料理でまかなってきた野口さん。彼女のパワフルさがあれば、きっと新たな新機軸を打ち出し、調査捕鯨の充実に向けた新展開があるに違いない。友人の一人として、ますますのご活躍を祈るばかりである。

4、「鯨ベーコン」――まさしく創意工夫の鯨食文化

なぜ赤いのか？

鯨ベーコンといえば、現在ではすっかり高級食材の仲間入りをしてしまったが、ある一定以上の年代、すなわちわたしと同年代の方々には、ある種のノスタルジーを感じさせる食品だと思う。

それは、日本の伝統食の代表選手であり、捕鯨に関わってきた先達の創意と工夫の結晶がつまった健康食であり、同時に現在の鯨食産業界が抱える、三つのギャップを克服するヒントのつまった素晴らしい食品だからである。

また鯨ベーコンは、鯨肉の「洋食化」の産物である。そして売れない鯨肉の部位を、いかにして売り出すかという優れた商品開発戦略の産物である。そして何より、鯨ベーコン

の出発点は、「高級珍味」ではなく鯨肉の大衆化ということであり、現在の捕鯨産業に必要なヒント、すなわち鯨肉が「栄養食」「健康食」「未来食」であるとの広報戦略、商品戦略、営業戦略のヒントが、すべてつまっているという点が重要なのである。

「洋食」とは、端的にいえば日本風にアレンジした西洋料理のことである。明治維新の時代、日本は世界情勢が覇権主義へと傾いていく中で、なんとか独立国であろうと、技術革新をはじめとした西洋化を推し進めた。そして、日常生活をも洋式化し、対等な文明国としての地位を確保しようとしたのである。欧米の人々の価値観と料理法を日本流に工夫して、日常の一部である「食」を広い意味での日本食、すなわち「洋食」の概念に取り入れてしまった。

日本の高度経済成長期と、捕鯨頭数の拡大によって、「赤肉」の部分はよく売れたが、関係者は「畝須」の処理に困るようになっていった。それは、全国的にあまり食の慣習がなく、捕鯨活動の盛んだった地域など、ごく限られたところでのみ食されてきたからである。

畝須も鯨肉の一部である。我が国は「鯨体一〇〇パーセント利用」の思想文化を持つ。

だから加工業者が知恵をしぼって畝須を加工し、広く薄く一般に流通させ大衆化をはかることを考えた。そして、解決プランを九州の長崎や大分などの「塩蔵肉」に求めることにした。

もともと「ベーコン」とは「豚のバラ肉（あばら肉）」を塩漬けし、長期保存に耐え得るようにしたものを呼ぶ。保存に際しては、ボツリヌス菌をはじめとした各種細菌の発生を防止するために、塩とともに「硝石《しょうせき》」を塗りこむ。その硝石と豚肉の「ミオグロビン」が結合して化学反応を起こし、独特の桃色に発色することが知られている。

鯨ベーコンもこの原理とまったく同じである。なぜ畝須をもって「鯨ベーコン」と呼ぶかは、この部位がクジラの胸から腹の部分をあらわしており、豚における「バラ肉」に品質が近かったからであろう。

九州地方では以前から、鯨肉を塩蔵することがおこなわれてきた。もともと食料を塩漬けして長期保存する方法は、世界随所に見られる。塩漬けによって「賞味期限」を延《の》ばすことができれば、それは「時間」と「空間」を超越することをも意味する。夏にしかとれない食材を塩漬けにして冬に食べることが可能になるし、輸送にかかる時間を気にすることなく遠隔地へ運ぶことができる。

九州地方では鯨肉の畝須の部位を塩蔵し、ボイルはせずそのまま薄切りにして食べていた。ここに戦前の水産業者が目をつけた。売れない畝須を赤く色づけして「ベーコン」のようにしたら、売れるかも知れないと考えたのである。少なくとも昭和一八年頃には北海道の函館で、ニッスイ系統の水産加工品会社が「鯨ベーコン」を売り出し、長崎でも同じような商品を提供していたとの関係者の証言がある。こうして鯨ベーコンも、流通ルートにのって商品化がはかられることとなり、戦中の一時期をのぞいて、戦後の昭和三〇年代から五〇年代後半には、鯨ベーコンが鯨肉製品の主要な位置を占めるまで、一般化していくのである。

ちなみに製法については、豚肉のベーコンとまったく同じである。鯨肉の塩蔵品を塩抜きし、硝石と香りづけの「燻《くん》液（燻製液）」を入れて一週間漬けこむ。その後、漬けこんだ畝須を取り出し、釜でボイルすれば不要な液がすべて抜け落ちて、硝石が染みこんだ部分のみが赤く発色するようになる。その後、社会情勢や経済動向の変動によって硝石の使用が禁止に追いこまれると、それに代わって「食紅」で色づけをすることになった。理由はおそらく、「鯨ベーコン」の赤色がすでに商品イメージとして広く一般に浸透してしまっており、見栄《みば》え的にもよいと判断したからではないだろうか。

鯨ベーコンの歴史は鯨肉における商品開発の歴史といってよい。また、戦前戦後のはるか以前の江戸時代から続く「塩蔵肉」の文化を、ゆるやかに「ベーコン」へと転換してきた伝統食の歴史と見てもよいと思う。

早晩《そうばん》破綻《はたん》する畜肉食文化

人間の飽《あ》くなき欲求を満たすために、拡大基調を続けられなくなる日が早晩畜産業界にも到来するであろう。ウシはＢＳＥ、ブタは豚の口蹄疫《こうていえき》やトンコレラ、トリは鳥インフルエンザなど、「肉」を食べるということにはそれこそ重大な問題が横たわっている。同時にその問題の一つ一つが深刻であり、解決には犠牲と負担を強いられることになる。

たとえば、飼育している動物の感染症を防ぐために膨大《ぼうだい》なコストを負担しなければならないし、いざ感染症が発生するやまたたく間に飛び火して数十万頭単位で殺処分しなければならなくなる。さらにはその後の再建も風評被害を中心として、血のにじむような努力を強いられる。根本的に「陸」の上で何かの飼育を続けていくためには、有形無形の費用がかかるということなのだ。

早晩、世界の畜肉市場が行きづまり、その補完を天然の食糧である鯨肉が担う時代がやってくる。わたし自身、多くの畜産農家との出会いにも恵まれることが多く、切実にその業界の発展を願うからこそ、何より畜産業が中長期的な構造改善を図ることが重要であるとも考える。しかし、鯨肉や水産物が果たすタンパク質供給という役割は、ますます大きくなったといわざるを得ない。

今の捕鯨活動の行きづまりを変革する根本は、三つの〝誤解〟の克服、そしてそこからの発想の転換だと思っている。三つの〝誤解〟とは、まず、「南氷洋捕鯨を断念すれば、環境団体がおとなしくなる」という〝誤解〟であり、「北西太平洋の調査捕鯨のみに専念していれば細々ながらも鯨食マーケットは維持しつづけられる」という〝誤解〟であり、「需要と供給の関係を調整し、少ない供給量で限られた人々に高い値段で売りつづければ、鯨食文化は守られる」という〝誤解〟である。

そして発想の転換とは、三つの誤解によってもたらされる「鯨肉は高価な食品」という根本的な思想の誤りを正すことである。答えは、むしろ逆なのである。クジラを持続的にもっと捕獲し、供給量を多くし、値段を下げるから鯨食は守られる。高級路線ではなく大衆路線を志向し、広く一般大衆にアピールしていくから鯨食文化は守られるのである。食文化の維持とは、結局は商品を需要に応じて供給することであり、それによって結果的に文化が、継続することを指す。

なぜ、日本の捕鯨文化の原点ともいえる愛知県知多《ちた》半島では、現在クジラを食べる食文化が廃《すた》れてしまっているのか。それは結局、鯨肉の供給が、いつの間にか消滅してしまったからに他ならない。

だから、捕鯨活動の関係者には、大局的な考えを持ってほしい。価格をコントロールしたいとの姑息《こそく》な考えを捨てるべきである。もっともっと自分の仕事に誇りと自信を持ち、日本人の食文化と健康を守っているのだという確信に立って、おいしい鯨肉を安く、大量に供給できるプランを考案すべきだ。そのヒントのすべてを、実は鯨ベーコンが教えてくれていることに気がつくべきだ。

5、一度は食べたい部位・調理法

鯨食の花形

ここで、鯨食の中心となる部位や調理法をざっとおさらいしておこう。

●さえずり

クジラの舌をボイルして薄くスライスしたもの。大葉《おおば》などの薬味類と一緒に生《き》醤油で食すと、濃厚な脂とほのかな甘みがくどくならずに楽しめる。ただし、保存状態と鮮度によって味わいに差が出るし、店による差もある。

●尾《お》の身

身体の後部と尾ヒレの付け根の部分を指し、運動量が多いために、脂分が牛肉の霜降り状態にも似て、刺身に最適。美味で高価。ハリハリにしても、竜田揚げにしてもおいしい。

●鹿《か》の子《こ》

下あごの骨を覆《おお》っている部分の肉。白い雪に赤い花びらを散らしたような鮮明な色合いが非常に美しい。鹿の皮の模様に似ているから、この名がついた。少し固いが脂肪分に富んでいるため、噛めば噛むほどふくよかな味わいが広がり、長く楽しめる。刺身にするコツは、脂肪分が溶け出す前の半解凍状態でスライスすること。おいしさは尾の身に匹敵する。

●百尋《ひやくひろ》

クジラの小腸を塩でボイルしたもの。適度な厚さに輪切りにして、ポン酢や生醤油で食すとシコシコした食感が口の中に広がり、味わいの奥行きを感じることができる。

「鹿の子」は、切り身にするとあらわれる紅白の美しい断面から名づけられた。写真（下）は、そのブロック肉だが、「鹿」と記してあるのが面白い。（写真提供／ハクダイ食品）

●心臓

焼き鳥などでは「ハツ」と呼ばれるが、クジラでは「マル」ともいう。小さく切って醬油で楽しむこともできるし、ニンニクや塩コショウで味つけしてから焼いて食すのもオツな味がする。

●コロ

脂肪の多い皮の部分を鯨油で揚げて油を抜いたもので、関西ではおでんの食材として欠くことができない。

●さらしくじら

尾ヒレの部位（おばけ、おばいけ）を薄くスライスしてボイルしたもの。淡白な味わいだが、酢みそや梅肉などであえることで、さまざまな味わいのバリエーションを楽しむことができ、クジラ料理の奥深さを感じられる一品である。

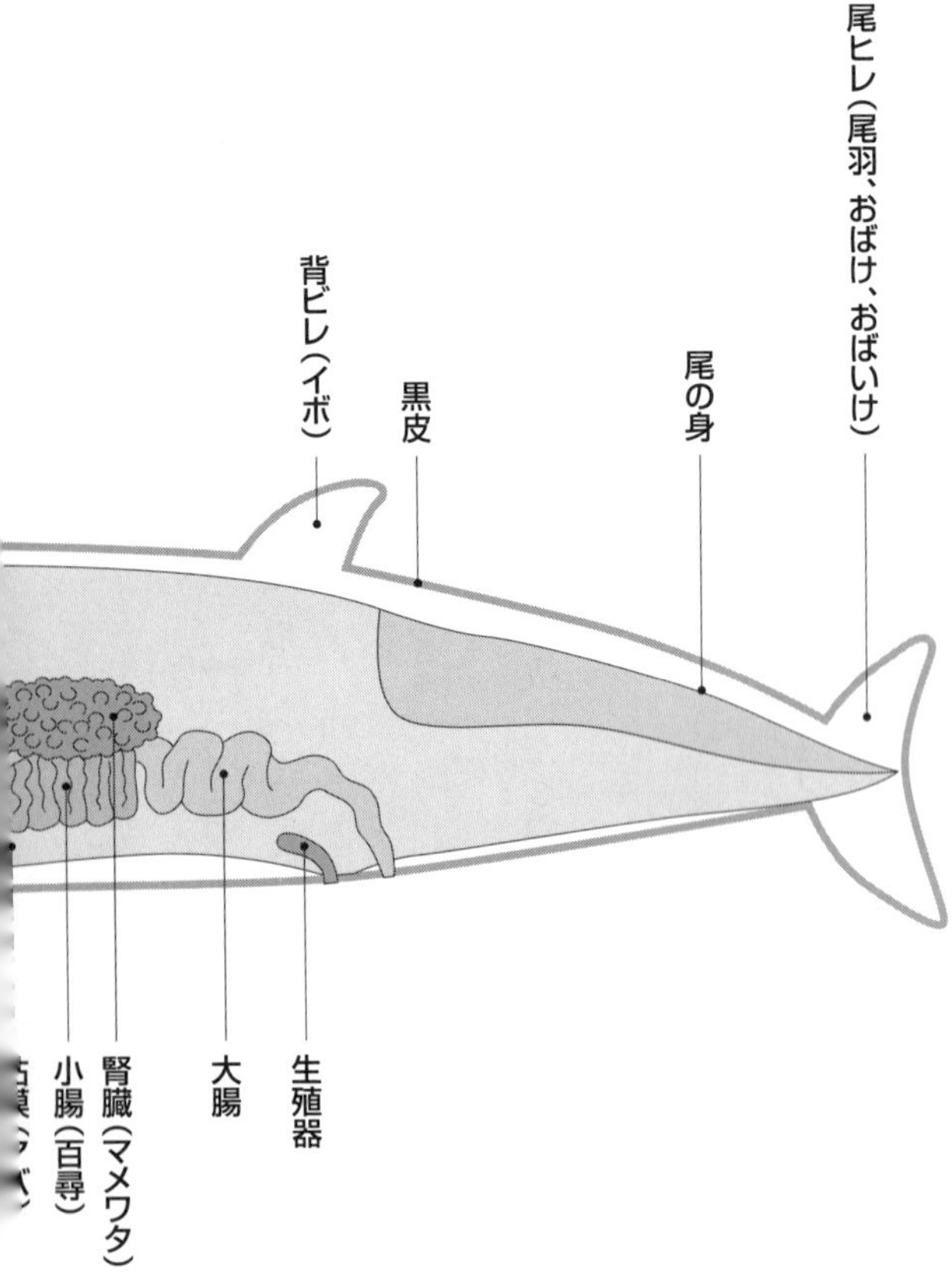

まるごと食べられるクジラ

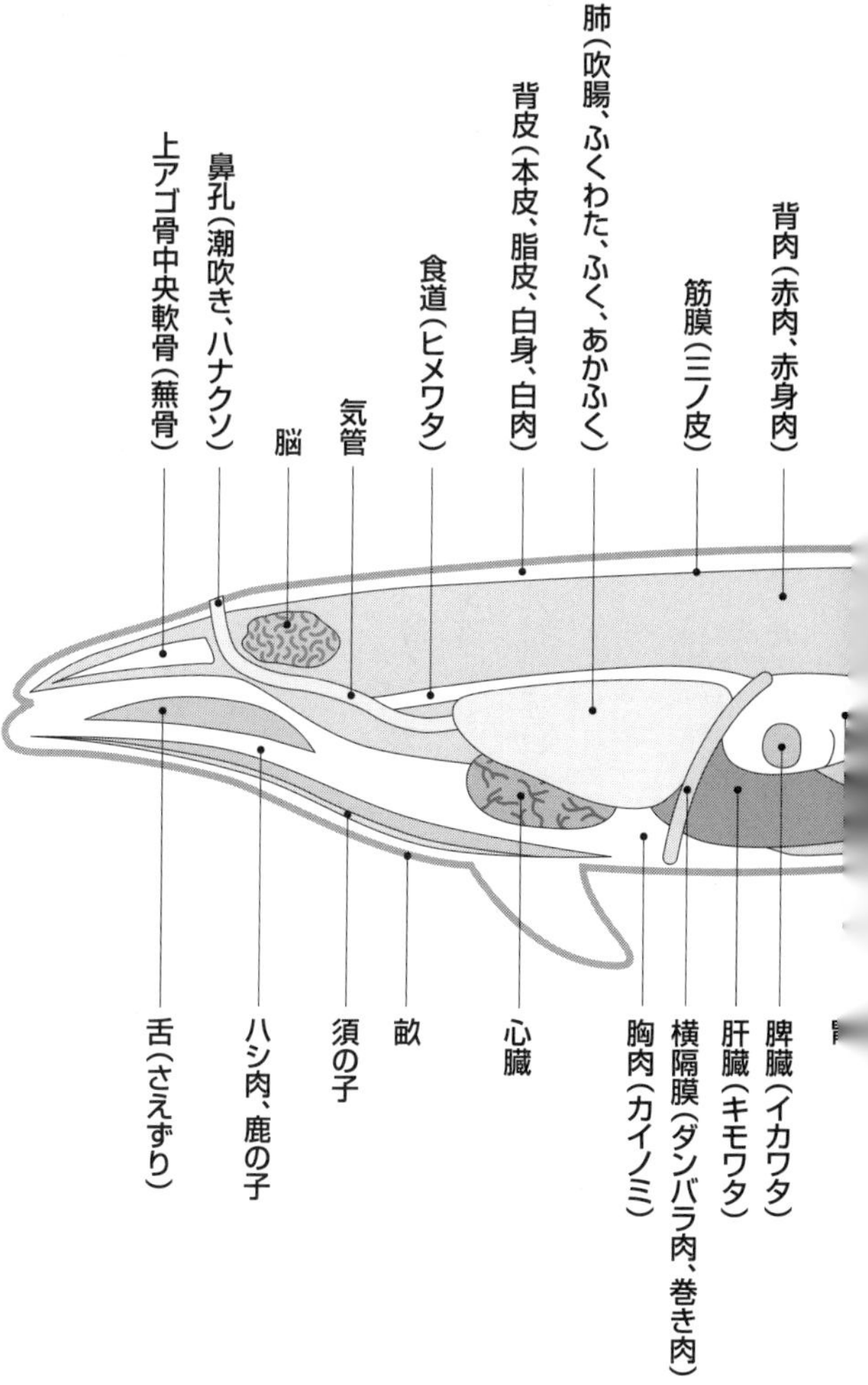
背肉（赤肉、赤身肉）
筋膜（三ノ皮）
肺（吹腸、ふくわた、ふく、あかふく）
背皮（本皮、脂皮、白身、白肉）
食道（ヒメワタ）
気管
脳
鼻孔（潮吹き、ハナクソ）
上アゴ骨中央軟骨（蕪骨）
脾臓（イカワタ）
肝臓（キモワタ）
横隔膜（ダンバラ肉、巻き肉）
胸肉（カイノミ）
心臓
畝
須の子
ハシ肉、鹿の子
舌（さえずり）

●刺身
鮮度のよさを堪能するなら刺身がおすすめ。淡白な赤身と脂ののった白い皮を一緒に食べると絶妙な味わいを堪能できる。また、色合いから「紅白」の縁起物としても重宝される。ただ、新鮮な刺身を提供する店が少ないことが残念である。

●鯨ベーコン
クジラの胸から腹にかけたベーコン。薄くスライスして食すと、肉質と脂質の調和を上手に味わうことができる。店によって既製品でなく自家製を用意するところがあるが、その場合には、燻《くん》製の味に特徴があり、独特の赤色が薄い場合が多い。

●竜田揚げ
下ごしらえした赤身肉に片栗粉をつけ、高温で揚げたもの。捕鯨活動の全盛期には学校給食の定番料理としてもメジャーな存在だった。料理店によっては「唐揚げ」とも呼ぶ。

第三章　日本全国の鯨食文化を訪ねて

1、クジラと歩んだ日本人

海に生きる

クジラに関わるようになって二〇年近くの歳月が過ぎた。我が故郷《ふるさと》のために、日本の漁業のために働きたいと思いながら青春時代を過ごしてきたが、図らずも水産庁に勤務し、国際交渉の舞台でクジラを通じて世界と渡りあうこととなった。水産庁を辞してからも、やはりクジラに関わり、クジラをとおして日本全国を見るようになった。

わたしは一九五三（昭和二八）年、岩手県の陸前高田《りくぜんたかた》市広田《ひろた》町に生まれた。東日本大震災では、残念ながら、この地も壊滅的な被害を受けて、人々は財産を失った。しかし、不幸の中にも、先人からの「逃げろ」との伝えを守り、防災施設の有効性を過信せず、避難第一で臨んだ結果、多くの人命が救われた。わたしには、故郷の再生、新生を支援する責任がある。

広田町は、四方を海に囲まれた典型的な地方の一漁村で、沿岸漁業もあれば遠洋漁業もある。そのため、国際政治の影響を受けた集落であった。

町の南北を抑えるように「大森山《おおもりやま》」があり、頂上から眺める太平洋は、本当に大きく水平線が丸い。町の南端には奇岩の断崖絶壁として知られた「黒崎仙峡《くろさきせんきょう》」が広がり、展望台から眺める、太平洋の美しくも荒々しい白波が岩に押し寄せるさまは、名画のようであった。また、広田町の南西に位置する「広田崎」からは「青松島《あおまつ》」を眺めることができた。この島は二つの島からなり、ウミネコの楽園として人々に愛された。

郷土の歌人・石川啄木《いしかわたくぼく》は、有名な「東海《とうかい》の　小島の磯の　白砂に　われ泣きぬれて　蟹《かに》とたはむる」の句を「高田《たかた》松原」で詠《よ》んだという説がある。また柳田國男《やなぎたくにお》は、気仙沼《けせんぬま》から「広田町泊《とまり》」に上陸し、ここから小友《おとも》町の鵜沢《うざわ》に向かい、豪農の話を聞いたといわれる。

昭和三〇年代から五〇年代にかけては、春になると、サケやマスの漁船団が、アメリカのアラスカ・ベーリング海域へ、旧ソ連シベリアのオリュトル・オホーツク海域へと、雄々しく出漁していく。我が家は商売をしていて直接漁業に携《たずさ》わってはいなかったけれども、幼なじみや同窓の親友たちが漁船会社の乗組員として世界に乗り出していくさまを見送っていた。

水産庁へ入庁した一九七七年頃は、二〇〇海里《かいり》問題が連日のように報道され、国内世論を沸騰させていた。二〇〇海里問題とは、いわゆる「漁業専管水域」、のちの「排他的経済水域」のことで、国連海洋法条約に基づいて設定された、各国が主権的権利を行使できる水域である。自国の沿岸から二〇〇海里（約三七〇キロメートル）までは、海洋資源の保存と管理のため義務を負う代わりに、水産・鉱物資源を主権的管理下におく制度を指す。もともとは、一九四七年にペルーによる二〇〇海里水域設定がおこなわれ、その後、独占的に排他的に管理する水域とする旨の「サンチャゴ宣言」を採択したところから始まった。

七七年当時は、アメリカならびに旧ソ連という冷戦下の二大国が、二〇〇海里水域の設定直後だったため、これらの地域で操業していた日本の遠洋漁業船団が締め出される可能性が出てきたのである。もちろん、わたしの故郷も当然この地域へ遠洋漁業船団を送り出していた。すぐにでも対米交渉・対ソ交渉に携わりたいと思っていた。

それもあって、入庁一年目からロシア語と英語の勉強を本格的に始め、アメリカのエール大学のビジネススクール（経営大学院）に留学することとなった。この二年間は、それこそ英語による勉強漬けの日々で、自分がキュウリのピクルスになったような日々であった。

留学中のエール大学院においても、捕鯨問題を取り扱う学生集会が開催されていた。しかし、捕鯨に関するプレゼンテーションはおこなわれず、その実態は環境団体の資金集めだった。これではいけないと思い、他の日本人学生と組み、「日本の夕べ」という会を催し、捕鯨の立場について発表したこともあった。

「自然保護」という逆風

帰国の翌年、八五年の春には、晴れて「日米漁業交渉」の担当官としてアメリカ側と交渉することとなった。それは、アメリカの「漁業保存水域」で活動する、日本のサケ・マスを漁獲する船団、底引き網でカレイやタラなどを漁獲するトロール船団のために、漁獲割当を獲得するという交渉であった。

当時のサケ・マスの漁業船団は、母船一隻に対して四三隻の「付属独行船」が随行し、これをもって一船団としていた。その当時は四船団が出航していたから、これに陸上の関連産業もあわせれば、二万人の雇用を擁《よう》していたとみられる。トロール船団に関しては、いわゆる水産大手五社、ニッスイ、ニチロ、マルハ、極洋《きよくよう》、宝幸《ほうこう》水産に加え、北海道など日本各地の地場漁業事業者がアラスカ沖まで出かけていった。

米国の二〇〇海里内操業の許可証を得ることは、他国の情けにすがるようなものだったが、なんとか漁獲枠を維持できるよう奮闘した。しかし時利《ときり》あらず、にわかに勃興《ぼっこう》してきたアメリカの自然保護運動や、アメリカ国内の漁業振興策の前に、悔し涙をのむ結果となった。

その直接のきっかけとなったのは、「海産ほ乳動物保護法」である。これは、サケやマスの漁獲時にイルカやオットセイを「混獲《こんかく》」してしまうことに関して、許可証を取得せねば二〇〇海里内で操業してはならないという法律で、日本はこの「混獲許可証」を取得するために、壮絶な苦しみを強いられていた。

八五年、わたしたちは、アメリカ商務省行政裁判所で何度も許可証獲得のための証言をおこなった。米政府が、「混獲を違反扱いしつつ、操業を認める」との方針を示したことで、日本側と環境団体の双方が、米政府相手の訴訟に持ちこんだのである。結果は、混獲許可証の発行を差し止められることで、米政府の敗訴に終わった。日本もその判決にともない、操業の可能性を断たれた。そして、アメリカのサケ・マス漁場から撤退することとなった。

この頃、交渉後に手持ち無沙汰となってしまったわたしは、イタリア・ローマの日本大使館に一等書記官として赴任《ふにん》し、FAO（国連食糧農業機関）を担当してはどうかとの打診を受けた。次は、ワシントンの在米日本大使館に赴任し、そこを舞台にして日米漁業交渉に引きつづき携わりたいと考えていたので、わたしとしては、はなはだ不本意であった。

もともとFAOは国際機関ではあっても、国際交渉をするような場所ではない。各国の利害が激突する熱い舞台でもない。単なる情報交換や努力目標の国際合意を形成する場で、ある種の親睦《しんぼく》会的な機関であった。FAOに赴任して、何か有意義なことができるのだろうかと疑問に思っていた。

しかし、人間万時塞翁《にんげんばんじさいおう》が馬《うま》という。人生、何が幸いするのか分からない。FAO時代のわたしは多くの知遇を得て国際交渉の勘《かん》どころをやしなうことができたし、のちの国際捕鯨交渉の土台を築くことができた。日本のアメリカに次ぐ分担金と国際的な信頼をバックボーンにして、日々持ちかけられる相談事を誠実に処理した結果、FAOと日本との関係を質的に向上させることができた。

なぜ、アラスカの人々には認められて、日本の漁民には認められないのか

一九九一年からは、一三年間にわたってIWC（国際捕鯨委員会）で「捕鯨」を担当することになった。

IWCでは、「かわいいクジラを殺戮《さつりく》するなんて残虐」といった感情論で総会の多数派が形成され、日本の意見は完全に封殺されていた。こちら側が科学的根拠に基づいて商業捕鯨を再開しようとしても、黙殺や無視の嵐。そのあげく反捕鯨国は、IWCの総会に環境団体を引きこみ、捕鯨支持の国々に怒号を浴びせ、マスコミを利用して政治的主張を繰り広げていた。

これではダメだと思った。まず、日本の科学者も、本会議の代表団も、議論についていけていない。理解できていないことが問題だった。そして、常に受け身で、自分から行動していない。何より、日本側の誰もがリスクを負っていない。発言せず、行動しないので、諸外国の関係者たちからも適当に対応されていた。信頼もされていないと思えた。信頼とは、リスクを恐れない者のみが勝ち取れる価値であるからだ。

日本はもはや、自らの主張を裏づけるための科学情報の蓄積のために、科学的な調査を拡充するしか道はないと考えた。世に知られた「調査捕鯨」によって、クジラが増えつづけているという事実や、クジラの胃袋を裂《さ》いてみせることによって、彼らクジラがプランクトンだけではなく、イカやサバやスケトウダラなどを大量に食べている事実を明らかにした。海洋汚染も明らかにした。

わたしがはじめて参加した頃のＩＷＣでは、捕鯨反対が二〇で、賛成はたった六しかなかった。しかし、調査捕鯨のデータが発表されるや、水産業の盛んなところを中心に、今まで捕鯨に関心を抱いてこなかった国々もその多くが支持をしてくれた。世界の漁業高が減少の一途をたどっている。その有力な理由の一つが、クジラが魚を食べるという「捕食」にあったが、この事実は、漁業を産業とする沿岸諸国を引き寄せるのに充分であった。

こうした経験の中で、大切なことに気づかされる。当の日本人は、捕鯨やクジラを食べるということをどのように考えているのか。日本の捕鯨の現場を見てもらい、理解してもらい、日本の正当性を国民世論に伝えられないだろうか。そのためには、IWC総会を日本で開催することが効果的なのではないかと考えた。総会の模様を情報公開し、マスコミを通じて国民世論に訴えるのである。

日本の捕鯨は持続的におこなわれている。南氷洋には七六万頭のミンククジラがいる。そして、日本の捕鯨の歴史は四〇〇年以上もある。こういったことを国民が知らなくて、どうするのだろうか。外国の人々に語ろうとしないで、どうするのだろうか。しかし、最近の日本政府は、そのことについて語りたがらない。

二〇〇二年に、IWC総会を日本の下関で開催すると、想像を絶するほどの国民世論の沸騰と、マスコミを通じた広報戦略の重要さを改めて確認することとなった。広く「国民運動」としての捕鯨文化を巻き起こすことの必要性を痛感したのである。

そのとき、わたしは山口県長門《ながと》市の市長だった松林正俊《まつばやしまさとし》氏から連絡を受けた。松林氏がいうには、「捕鯨が盛んな本県でＩＷＣ総会が開催されることとなり、大変よろこばしい。その開催地も、南氷洋捕鯨船団の一大活動拠点とされてきた下関とあって、すばらしい判断である。しかし、捕鯨史という側面から考えるならば、我が長門市の方が歴史は古く、捕鯨の中心地として栄えていた。日本の捕鯨文化理解促進のために、ぜひ、わたしたちにも応援をさせてほしい」との話であった。

長門市には、江戸時代に捕鯨をおこなっていた「通《かよい》」の地がある。青海島《おうみじま》という離島だが、対岸の本土側集落から漁のたびにいちいち通ってくるよりも、ここに住んでしまった方が便利だということで、島の一つの浦に住むようになった。そのことから、ここに「通浦」という名をつけたのだった。日本海の北東に口を開けた湾には、冬になるとクジラがしばしば泳ぎこんできたのである。そして、「北浦《きたうら》捕鯨」は隆盛を極めた。

通には、くじら資料館や鯨組の頭領をつとめた早川《はやかわ》家の住宅が現在も残っていて、長門市の方が捕鯨の歴史が古いと、松林氏がいわれたことを裏づける資料も多く現存している。

そのありがたい申し出に、すぐさま長門市へと赴き、詳しくお話をうかがうことにした。松林氏から、当時山口県立美術館長であった河野良輔《かわのりょうすけ》先生をご紹介いただき、戦国時代に西国の覇者として知られた毛利氏以来の「北浦捕鯨」について講義を受け、当地の捕鯨史に関する詳細な資料を提供された。

あわせて河野先生からは、一つの提案をいただいた。これがきっかけになり、捕鯨をしていた日本各地の郷土史を発掘し、その文化的背景にスポットライトを当てたサミットを開催することに発展した。

こうして、ＩＷＣ総会と並行するかたちで「日本伝統捕鯨地域サミット」の第一回が長門市で開催されることとなった。北は北海道の釧路《くしろ》、千葉の鋸南《きよなん》町、和歌山の太地《たいじ》町、高知の室戸《むろと》、長崎の壱岐《いき》や対馬《つしま》に生月《いきつき》や五島《ごとう》列島の有川《ありかわ》など、捕鯨史を持つ地域の人々が集いあって、共同して行動していこうという取り組みが始まった。遺跡の発掘物に古文書の解読や、伝統芸能として現在にまで通じる食文化、さらにはミュージカルなどをとおして、日本の原風景として捕鯨がおこなわれてきた歴史的事実と、脈々と流れる「伝統」を明らかにしようと試みたのである。

結果として、この運動は大成功をおさめた。日本の捕鯨が経済原理や商業主義によることを柱とする、どこにでもある活動ではありながらも、それが地域共同体に文化的・歴史的背景をともなった影響をおよぼすものであるという事実を、国内に、そして世界に対して発信することができたからである。とりわけ、強硬な反捕鯨国であったアメリカ、オーストラリア、ニュージーランドといった国々には影響を与えることができた。

「クジラを捕《と》るな」と主張しているアメリカは、その一方で「原住民生存捕鯨」の名の下に自国アラスカの人々の捕鯨活動を積極的に支持しているからである。「アラスカの人々は、文化的・歴史的背景から捕鯨をしている。だから、アラスカの捕鯨は容認されるべきだ」という論理なのであるが、この論理は、そっくりそのまま日本に対しても当てはまる。もっとも商業性や経済活動がないところには文化や歴史は生じない。これは、アメリカ原住民も、日本の漁民も同じである。

日本伝統捕鯨地域サミットは、文化として捕鯨の歴史をもつ地域の人々の役に立ちたいとの気持ちで企画されたイベントであった。しかしこのイベントが、わたし自身に思わぬ転機をもたらし、勇気と人生の指針を与えてくれた。

宮本常一《みやもとつねいち》と渋沢敬三《しぶさわけいぞう》

二〇〇七年の年の暮れ、わたしは水産庁を辞した。理由は、旧態依然の法制度下にあり、閉塞状態と経営難にあえぐ日本の水産業を、法制度から根本的に変えたいと思ったからである。自民党政権下で「規制改革会議」のメンバーになるために、どうしても辞職するしかなかった。「旧態維持」を目論《もくろ》む役人たちの意向で、農林水産大臣の了解が得られなかったからである。内部から改革する方が早いし、組織も近代化するので、水産庁の組織にとっても、その方が好ましいのだが、旧態維持が楽であると思う人たちには、しょせん無理な期待であった。いいようのない「違和感」を覚えずにはいられなかった。

あるとき、わたしは都内の書店で一冊の書籍に出会った。民俗学者・宮本常一《みやもとつねいち》の生涯を描いた『旅する巨人』である。宮本常一は小学校教員であったのを、日本資本主義の父とたたえられる渋沢栄一《しぶさわえいいち》の孫・敬三《けいぞう》に見出されて民俗学者となった。敬三自身、日銀総裁や大蔵大臣をつとめ、渋沢一族の後継者としてふるまったが、もともとは民俗学に傾倒していた。少年時には動物学者になりたいと思い、その準備をしていたのを、実父があまり期待されず、祖父から勘当されてしまったため、祖父に泣きつかれ、やむなく実業入りした人物であった。

しかし敬三は、自らの社会的責任は立派に果たしつつも、プライベートな時間においては自分の価値観を大切にし、民俗学の世界に没頭していく。柳田國男との出会いを活かして、自宅車庫の屋根裏を改造し「アチック・ミューゼアム（屋根裏博物館）」をつくり、高校時代の友人たちと動物や植物の標本や郷土の民芸品などを収集、そのコレクションは現在の国立民俗博物館の土台となった。

また、コレクションの充実のみに飽き足らず、多くの民俗学者のスポンサーとして海外調査や研究費用に研究成果の出版費用など物心両面にわたって熱心に後援し、世界的に活躍する民俗学者や文化人類学者を育てた。同時に、自らも漁業の歴史を専門として研究を続け、仕事のかたわら顕著な実績を残した。敬三がまとめた『豆《ず》州内浦《しゅううちうら》漁民史料』は、静岡県沼津《ぬまづ》の数百年にわたる漁村の歴史を、膨大な古文書を丁寧に読みこんでいくことで明らかにしたもので、同地の海に生きる人々のみずみずしい生活様式を克明につづった刊行物として日本農学賞を受賞、我が国の水産史研究の嚆矢《こうし》とされている。

宮本常一も、師匠・渋沢敬三ゆずりのフットワークのよさで日本全国を歩き通した。一〇〇〇軒以上の民家に宿泊し、各地の伝統と文化を研究、一九六〇年にまとめた『忘れられた日本人』を世に問い、大きな反響を呼んだ。

宮本民俗学の特徴は、何といってもその目線の優しさである。当時の民俗学の主流にはあえて背を向け、社会的に差別された人々や不遇な人々に焦点を当てたところに、その大きな魅力がある。各地の滞在先で、宮本がどのように受け入れられたかは、残された写真を見れば一目瞭然だ。人々は、まるで旧友や親戚に出会ったような、ほがらかでそしてホッとした安堵《あんど》の笑顔を見せ、宮本の写真におさまっている。

歴史の教科書ではうかがい知ることのできない「真実の日本史」を、宮本は残した。相手をとろけさせるような満面の笑みで相手を安心させ、同じ目線で、同じ気持ちで名もなき庶民の話を受け止め、彼らの口を通して「真実の日本史」を浮かび上がらせていこうという手法を宮本は用いたのである。

わたしが都内の本屋で宮本の書籍を手にした時、長年の疑問の多くが氷解した。今まで抱いていた「違和感」の正体がようやく見えたと思った。わたしはもっと直接人々と接し、直接人々の話を聞きたい。大切なのは、科学や法制度ではなく、民俗、文化、歴史だと考えた。そして、日本全国津々浦々の漁村を訪ね、そこに生きる人々が日々どのような喜怒哀楽を感じ、何を食べ、何に悩み、願っていることは何なのか、そのことを知らねばならないと思った。

それからは、宮本常一著作集・第二〇巻『海の民』など宮本の著作を読み、全国各地の漁村訪問を始めた。漁村を訪れれば、捕鯨はすでになくなっていても、そこには漁業が残されている。当然そこに暮らす人々もいて、地域の共同体が残されている。漁村を通じて日本のふるさとの全景がよく見えるのだ。

古きを訪ねて

各地の漁村を訪れてみると、改めて公共事業の多いことに驚かされる。山や海の自然をコンクリートで塗り替えているさまがよく分かる。漁村でありながら、漁業によって生計を立てていくことができず、必要性の乏しい土木事業によってなんとか生活を成り立たせている。そのような寂しさが多くの漁村にはあった。

ある老人がわたしに率直な気持ちを語ってくれた。「故郷を愛して、今まで一生懸命生きてきたのに、学校も病院も漁業も農協も、効率化の大合唱で統廃合が繰り返され何もなくなった。仕事はないし、若者は故郷を捨てて出て行く。老人だけが見捨てられ、島に残される」と。わたしはため息とともに、ただうなずくしかできなかった。疲弊《ひへい》しきった漁村の風景が、日本の将来を暗示しているようにも思われた。

公共事業削減論が著《いちじる》しい。問題は、その公共事業が地域特性に適しているかということだ。農村なら農村の、漁村なら漁村の地域性に合致した公共事業をおこなえばよいことだ。とりわけ漁村ならば、自然調和型や環境修復型の公共事業をおこない、取り戻せる価値がいくらでもあるのだと思う。水質の浄化、植林など、行政にできることはそれこそ無数にある。

環境破壊を止め、乱獲を防ぐ。同時に増え過ぎたクジラを適切に管理して、水産漁獲高を回復する。魚を増やすためにできることは何でもする。ある地域に、その昔クジラが存在したということは、そこにエサとなった豊富な水産資源があったということを意味している。かつて、その地域でクジラが大漁に食べていた魚が存在していたことを意味している。

無秩序な開発計画を改めるだけで、多くの魚が戻ってくる。魚が戻ってくれば漁村は再び蘇る。わたしが全国各地の漁村をフィールドワークで訪れて理解したことは、実に単純明快な事実だった。

では、わたしたち個人にできること、漁村に魚を呼び戻すためにできることとはどのようなことなのだろうか。それは、歴史に学ぶという点に尽きるのではないかと思う。「温故知新」の言葉通りに、歴史という古きをたずね新しきを知る行為が、地域活性化のために必要だ。文化や伝統は、そこに暮らす人々が長い歳月をかけてつちかった日々の作業が結集して、残された精神的な価値である。自分たちの暮らす地域の気候や土壌に最適なスタイルを、気の遠くなるような歳月をかけて見つけ出していく地道な作業だと思う。農業に適した地域には、農業によって適合した作業や仕事があり、その結果としての文化や伝統が育つ。漁業であれば、漁業資源や海洋環境に適した作業や仕事が形成される。肝心なことは、地域の活性化のために、画一化した文化や歴史が存在した例などないという事実である。

地域のよさを理解し得るのは、やはりその地域に住み暮らしている人々だろう。本章では、捕鯨で文化を築いてきた地域を紹介する。具体的には、千葉、大阪、和歌山、高知、山口、長崎、佐賀の各地である（本来なら日本有数の捕鯨基地として栄えた宮城県石巻市《いしのまきし》の鮎川《あゆかわ》についても紹介すべきところであるが、東日本大震災によって町が壊滅的打撃を受けた。本書では遺憾ではあるが割愛させていただく）。

これらは、すべて自分の足で歩いて先人の業績にふれて学んだ事実を、少しでも多くの人に知ってもらいたいという願いから発したものである。

2、千葉の鯨食を訪ねる

一一代にわたって栄えた「醍醐《だいご》家」

千葉の捕鯨にあって、その文化を切り開いたのは「鯨組」の醍醐新兵衛《だいごしんべえ》である。醍醐家は、明暦《めいれき》年間（一六五五～五七）から宝永《ほうえい》年間（一七〇四～一〇）にかけて、初代「醍醐新兵衛定明《さだあき》」と第二代「明廣《あきひろ》」が近在の漁師を糾合《きゅうごう》し組織化、東京湾でツチクジラを捕鯨したのを皮切りに、最後の当主・一一代「新司《しんじ》」にいたるまで、代々「醍醐新兵衛」を襲名し、この地一帯を栄えさせてきた。

醍醐家は元締めの下に、「大組」一七隻、「新組」一六隻、「岩井袋組」二四隻の大規模な「船株組織」を抱え、世襲制により鯨油の販売権も有していた。

幕府の信頼厚く、五代「定昌《さだあき》」の時には、蝦夷《えぞ》（北海道）での捕鯨を、九代「定固《さだかた》」の時代には、蝦夷開拓を命じられてもいる。明治維新のはじまりとともに、北海道には「北海道開拓使」が置かれ、新政府直営で北海道開拓に乗り出していく。

主な歴代当主の業績は、次のとおりである。

・初代「定明」　一六三〇～一七〇四年
近在の漁師に呼びかけ鯨組を結成。いわゆる「庄屋さん」として地域の発展に尽力する。

・二代「明廣」　一六七二～一七四四年

「突き組」と呼ばれる鯨組組織の体制と技術改善に取り組む。
・七代「定香《さだか》」一七九六～一八四〇年
一八三三年および一八三五年の二度の大飢饉《ききん》の際、困窮した人々へ救援米を提供し、鬼子母神《きしぼじん》堂を建立寄進して豊作を祈り、加知山《かちやま》神社に捕鯨の無事を祈って絵馬を奉納した。
・八代「定緝《さだつぐ》」一八二七～六二年
一四歳で家業を継ぎ、函館奉行のお供をして蝦夷捕鯨の可能性を調査。同時に最新鋭の西洋捕鯨の導入を試みる。
・九代「定固」一八三七～九五年
先代の遺志を継ぎ、蝦夷地開拓に貢献。明治維新後は鯨油輸出で功績を残す。「名主」に代わる社会貢献活動として村会議員を長くつとめる。
・一〇代「徳太郎《とくたろう》」一八五二～一九〇四年
伊豆大島に新規の漁場を発見、製油所を勝山《かつやま》に設置し、缶詰工業に挑戦した。

鯨組としての醍醐家は幕を引くこととなったが、その志は地域に脈々と受け継がれている。明治三〇年代に入ると、西洋式捕鯨が南房総《みなみぼうそう》にも導入され「房総漁業遠洋会社」（のちに東海漁業株式会社となる）が設立され、企業組織による捕鯨活動がおこなわれるようになる。また、ジョン万次郎《まんじろう》らによって小笠原《おがさわら》諸島が発見されるなど、捕鯨活動の多様化が確保されることになった。現在は、「外房《そとぼう》捕鯨株式会社」が、房総半島沿岸や伊豆大島沖で小型捕鯨をおこなっている。

さて、代々の醍醐家は文化活動に熱心で、初代の時代には、狂歌の世界で名を成していた大田《おおた》蜀山人《しよくさんじん》を招いている。勝山《かつやま》（千葉県安房《あわ》郡鋸南《きよなん》町）の港を一望できる大黒山の中腹に、「醍醐新兵衛定明」の墓所が残るが、その墓所の脇には蜀山人の歌碑が立っている。

いさなとる
　安房の浜辺は
　　魚偏《うおへん》に
　　　京という字の

都なるらん

という歌である。「いさな」（勇魚）とはクジラの美称のことだが、「鯨」という字は、魚へんに「京」という字をあてるけれども、クジラを捕って栄えるこの浜辺は都のようなものだといった意味だろう。

また、初代定明の墓所から少し離れた海沿いの厳島《いつくしま》神社には、「鯨塚」がある。代々醍醐家が直接管理し、クジラの死を悼《いた》み、供養するために毎年建立しつづけた石塚である。大きさは六〇センチほどのものだが、それが、現存するものだけでも五〇基以上も立ち並ぶさまは圧巻である。しかし、劣化が著しいのが残念だ。この鯨塚は、醍醐家や捕鯨にたずさわる人々が、捕鯨活動に対する謙虚さと、生命を持ったクジラに対する感謝の気持ちを抱いていたことの歴史的証拠である。

珍味「タレ」

南房総市では今でもツチクジラを捕獲している。これは、ＩＷＣ管轄外の小型鯨類であるツチクジラを日本の国内法にのっとって捕鯨しているためである。現在、市内和田《わだ》町では、「クジラのタレ」と呼ばれる珍味をスーパーや土産物店で提供している。

タレの製造で最も歴史のある「ハクダイ食品」によると、約六〇センチメートルのツチクジラの赤肉を三〇センチメートルほどの包丁で五ミリメートルの薄さに切り、塩や醤油がベースとなった調味料で二日間以上漬けこんだのち、網に並べて天日《てんぴ》干しにして製造する（写真は205ページ）。

手で裂いてあぶって食べるのもよし、そのまま食べるのもよし。現代風の味わい方では、マヨネーズをつけ、オーブンで三～五分あぶり、表面に浮かんだ脂とまじわる風味を楽しむのも格別である。

ちなみにタレに使うツチクジラについて、千葉県は二七頭の捕獲枠を有しているが、それだけでは足りないため、宮城県や北海道沿岸で捕ったものも使用しているという。

そこには、地域産業としての捕鯨が営々として存在し、鯨肉を原料として加工し、消費者である住民に供給する産業が並存する。こうして食文化が守られている。

同地でクジラ料理を堪能するならば、やはり「くじら料理の店　ぴ～まん」がよいだろう。同店では鯨肉需要を開拓するために、毎月九日の限定販売と銘打ってクジラの「カツバーガー」「メンチドック」「やきやきバーガー」などを販売している。また、スタンダードな「唐揚げ」や「ユッケ」「づけ丼」なども提供している。また、お土産用に「ミンククジラのメンチカツ」「さえずりシチュー」「シューマイ」など、和田町で楽しめる新しいクジラ料理の開拓に非常に熱心な店だ。

ご夫妻そろって、地域の観光協会役員をつとめ、捕鯨文化の担い手として誠実で地道な活動をなさっている。

3、大阪の鯨食を訪ねる

一大消費地であった……

大阪の地は、昔より堺の港を擁し、国際港として栄えてきた。戦国時代には、海運の便によって、西日本や広くアジア地域との貿易によってつちかった絶大な経済力を背景に、商人による自治権を確立し、独特の「都市国家」を築いてもいたのである。

その大阪が、神戸と共に関西鯨食文化の中心地として栄えていったのは、やはり「北前《きたまえ》船《ぶね》」の時代からだといえるだろう。西国からの鯨肉が、関西に運ばれたのだ。北前船は「一航海で一〇〇〇両儲《もう》かる」といわれてきた。一〇〇〇両とは約一億円。約七ヵ月間の長い航海ではあったが、大きな富が転がりこんでくる。

地方の物産、たとえば、長崎や和歌山の鯨組が盛んな地域から鯨肉を積んで大阪で売りさばき、帰路には大阪の物品を大量に仕入れ、地方で売りさばく。このようなビジネススタイルを「往復の商い」というが、江戸時代の大阪は、北前船ルートによって日本全国の名産品を集め、代わりに日本全国に富をまいて各地を豊かにしてきた。

捕鯨の世界においては、「一浦がクジラを一頭捕れば、七郷がうるおう」といわれてきたが、このようなことが可能であったのも、大阪という莫大《ばくだい》な富とニーズが集まる巨大マーケットが大量に鯨肉を消費していたからである。この地にはクジラの皮を種にした「おでん」や「ハリハリ鍋」と呼ばれる代表的なクジラ料理が存在する。

おでんのことを関西では「関東煮《かんとうだき》」と呼ぶ。大阪では、古くからマッコウクジラの皮をしぼって油抜きし、残った皮を「煎《い》り皮」と称して水で戻したものを「コロ」と呼んで珍重した。

マッコウクジラの皮には油分が非常に多いので、油抜きをせずにそのまま具材として利用すると、お腹を壊すためである。同時に、日本においても鯨油は珍重されていたから、無駄なく活用するという点においても、事前の油抜きは必須であった。

現在では、北西太平洋の調査捕鯨での年間捕獲枠がたったの一〇頭となり、しかも、その捕獲枠を大幅に下回る実捕獲数が一〜三頭という年も多いため、すっかり高級珍味の仲間入りをしてしまった「コロ」であるが、それでも関西でおでんを愛する人々の間では「コロがなければおでんではない」といわれるほどで、独特の嚙《か》みごたえに夢中になってしまう人が多いようだ。

こうして、浪花の食い倒れ文化をクジラが支えてきた事実は非常に興味深い。

鯨肉流通の減少が顕著な昨今、新鮮な鯨肉を入手しようと思うならば、兵庫県明石《あかし》市の

「鯨安《くじらやす》」がよいだろう。明石港からほど近い「魚の棚（うおんたな）」商店街の中で、鯨肉専門の老舗として店を構える。赤身、鹿の子、畝須、コロ、皮鯨、鯨ベーコン、さらしくじらなど、ほぼ一通りのものが揃う。

4、和歌山の鯨食を訪ねる

クジラ文化一色の町、「太地《たいじ》」

和歌山には、イルカ漁で世界的に有名となった太地町の他にも、串本《くしもと》や古座《こざ》、紀伊大島《きいおおしま》など捕鯨で盛んな地域がいくつもあった。藩営捕鯨がおこなわれた地である。

紀州徳川家の初代・徳川頼宣は、専門の捕鯨集団である「鯨方」を設置し、国防を第一目的、経営的活動を第二目的として、藩をあげて捕鯨活動に取り組むことになった。捕鯨活動は操船技術に始まってさまざまな海上訓練に役立ち、その監視の役割が大きかった。

当時はスペインやポルトガルなどの異国船の往来も多かったからである。同時に、捕獲したクジラは高値で取引されることから、一挙両得を狙って紀州徳川家の事業としておこなわれることとなったのである。

前述の「大背美流れ《おおせみ》」事件によって、太地で三〇〇年近くもの歴史と伝統を誇った鯨組は壊滅した。では、事件後の太地の人々はクジラと関わるのを止めてしまったのだろうか。答えは否である。捕鯨を継承することが地域文化だと誇りを持って生きる人たちは、途中で投げ出したりしない。それが自分の人生そのものだとの気概があったから、万難を排して再び立ち上がった。それは千葉の南房総のように現在でも捕鯨活動に地域をあげて取り組んでいくところに共通する考え方である。

故郷で捕鯨ができなくなっても、全国各地あるいは広く世界へと羽ばたき、捕鯨活動を続けていった。中でも、竹村京次と前田兼蔵は渡米し、アメリカ式捕鯨銃を改良し、独自の対ゴンドウクジラ用捕鯨銃を開発する。竹村は開発中に不慮の事故で世を去るが、前田は、ロープのついた銛《もり》を発射可能な「前田式連発ゴンドウ銃」を開発して特許を取得し、太地町近海の捕鯨復興に大きな貢献をした。

日本のクジラ文化には、慰霊の習慣がある。写真（上）は、大阪瑞光寺にある「雪鯨橋」で、欄干《らんかん》は太地で捕獲されたクジラの骨を用いている（現在は「調査捕鯨」で捕獲されたもの）。写真（下）は、太地の蛭子《えびす》神社にある「鯨骨の大鳥居」。『日本永代蔵』に登場する話に基づいて復元された。（いずれも『歴史と文化探訪　日本人とくじら』より転載）

その後の太地の人々も、ある人は砲手として、またある人は加工職人として、形は変わっても捕鯨活動に関わりつづけた。そしてこの貴重な経験が戦前戦後の南氷洋捕鯨に貢献することになる。自分たちの捕鯨経験を活かして南氷洋捕鯨を支え、敗戦直後の焼け野原の人々に鯨肉を届けたのである。

現在でも、太地町では捕鯨活動がおこなわれている。ＩＷＣが管理対象外としている小型鯨類のゴンドウクジラなどを対象に捕鯨を続け、イルカについても伝統的な「追い込み漁」を続けている。二〇〇五年からは、県内小中学校一一校の給食に鯨肉を提供した。

太地は町全体が捕鯨文化の史跡のような場所であるため、どこを歩いてもそこかしこに名所や見所がある。けれども、外部から太地を訪れ、捕鯨史全体を広く学びたいのであれば、やはり「太地町立くじらの博物館」におよぶものはないだろう。

同館は一九六九年に、太地の先人への敬意と捕鯨研究の先進機関となることを願って設立された。約一〇〇〇点にも達する鯨類の生態や捕鯨活動の文献や資料を展示する、世界一のスケールを誇るクジラ専門博物館である。歯、ヒゲ、骨などの展示物のほか、実物大セミクジラの骨格標本や、捕鯨絵巻や捕鯨用具などの文化遺産、古式捕鯨のジオラマなど、ありとあらゆる展示物を堪能することができる。

圧巻は、同館広場前に野外展示されている「シロナガスクジラ全身骨格標本」のレプリカだろう。本体は下関市にあるが、レプリカであっても、地球上最大の生物を、目の前で体感することができる。これは、一八九〇年にノルウェーで捕獲されたもので、トロムソ博物館、日本鯨類研究所、下関市の三者間の合意によって、トロムソ博物館から貸し出されている（日本鯨類研究所が管理）。標本の貸出については、わたしも協力をさせていただいたが、何より同国ワロー博士のご尽力によるところが大きい。

クジラ文化豊かな太地町では、料理にも格別のこだわりがある。太地ではイルカの肉を「スキヤキ」にして食べるという習慣があり、今も多くの人々に愛される伝統食だ。ただ残念なことに、イルカ漁は時期が限定されるということと、各種の捕鯨を取り巻く社会情勢の影響から、一般観光客向けにこれを提供するお店はないようだ。

それでもやはりクジラの町らしく、鯨肉に出会うことができる。太地においてクジラ料理の名店は数あれど、やはり公的な信頼と扱う品目の豊富さ、何より地方発送に対応している点において、「太地漁業協同組合直営スーパー」ほど最適な店はないだろう。

ここでは、鯨肉、鮮魚、干物などの新鮮な海産物をはじめ、日用品や衣料品なども販売、地元の人々に愛される店として知られる。肝心の鯨肉についても、イワシクジラ、ニタリクジラ、ミンククジラ、マゴンドウクジラ、ナガスクジラなど驚くほど豊富な鯨種を扱う。部位についても、赤身、ベーコン、胸肉、干物、コロ、さえずりなど、さまざまなものが手に入る。

5、高知の鯨食を訪ねる

長宗我部元親《ちようそかべもとちか》とジョン万次郎《まんじろう》

南国土佐《とさ》とクジラの関わりは非常に長く深い。江戸時代に書かれたとされる軍記物『土佐物語』は、四国の覇者・長宗我部元親を主人公に、土佐の興亡を描いた名作として知られるが、実はこの中にもクジラが出てくる。

一五九一年、元親が、長さ九尋《ひろ》（一六メートル）を超えるコククジラを豊臣秀吉に献上した話が出てくるのである。試みに現代語訳すると、

「吾川《あがわ》郡浦戸《うらと》においてクジラを領民が捕獲したので、土佐の領主・長宗我部元親がそのまま太閤秀吉へ献上し、同時に捕鯨技術についても説明したところ、賞賛を受けた。それは天正一九年の一月三一日である」

もちろん軍記物語は、鎌倉時代から室町時代末期にかけて流行した文芸作品のジャンルであり、武勇伝や人間の愛憎を描いたフィクションであるから、すべてが真実なわけではない。長宗我部元親が豊臣秀吉にクジラを献上したかどうか、その歴史的事実を検証することができないにしても、土佐という土地柄で捕鯨がどのような役割を持っていたのかを察するには充分な史料である。おそらく、土佐の人々にとっては、捕鯨が郷土の誇りであった。武士が武芸を競うような感覚で捕鯨文化を栄えさせていったのだろう。

その後、南国土佐の地は、幕末にジョン万次郎によって新たなる捕鯨史が加えられる

が、長きにわたって、「網捕り式捕鯨」や「鯨組」の中心地、捕鯨基地として全国に名を轟《とどろ》かせていく。

ジョン万次郎は、幕末の南国土佐に漁師の子として生まれ、漁に出かけたところを海に流され無人島へ漂着するが、半年後にたまたま通りかかったアメリカの捕鯨船に拾われ、ウィットフィールド船長の養子となって米国に留学した。ここで語学、政治経済、操船技術などの習得につとめるとともに、帰国後には、流暢《りゅうちょう》な英語と最先端の世界情勢に関する知識を武器として、庶民の子から一躍江戸幕府の外交官に登用され、幕末の夢物語を体現した人物としても知られている。

一方で、その彼が、小笠原《おがさわら》諸島でマッコウクジラ二頭を捕獲したことを知る人は少ない。万次郎が、アメリカ式捕鯨を実演してみせることで、日本の「網捕り式」捕鯨を終《しゅう》焉《えん》させ、それがノルウェー式捕鯨の導入へ、さらに、のちの南氷洋捕鯨へとつながっていくのである。

また、万次郎の捕鯨活動が小笠原諸島の領有に非常に役立ち、日本の海洋資源確保に寄与した点はもっと評価されてよい。

領海は、国土の境界線から一二海里のところから始まる。そして排他的経済水域は、二〇〇海里まで主張が認められる国際的な慣例がある。つまり「東京都小笠原村」という、東京都庁から一〇〇〇キロメートルも離れた太平洋上、沖ノ鳥島《おきのとりしま》をふくむ太平洋に浮かぶ大小三〇の島々のお陰で、日本の領海も、排他的経済水域も、比較にならないほど延伸することができるのである。沖ノ鳥島だけで、四〇万平方キロメートルという日本列島より広い排他的経済水域が加わる。その海底には、海洋生物資源の他にも、化石燃料や鉱物が多量に埋蔵されていることが分かった。万次郎の捕鯨が現代日本の資源政策にどれほど貢献したか、表現できないほどである。

土佐清水《とさしみず》市の足摺《あしずり》岬には、「ジョン万次郎資料館」があり、万次郎が一四歳で漂流し、アメリカに渡米して以来の足跡を映像や数々の資料で確認することができる。

二〇〇九年九月、わたしは不動産業を営むある人の紹介で、ジョン万次郎が過ごした米国マサチューセッツ州の町・フェアヘブンを訪ねた。最初、幾人に訪ねても分からなかったが、ついに万次郎が過ごしたウィットフィールド家跡を訪れることができた。その年の五月、聖路加《せいるか》国際病院の日野原重明《ひのはらしげあき》先生の発案による募金で、この住宅を買い取り修復し、オープンしていたのである。「ウィットフィールド・マンジロー協会」会長のジェラルド・ルーニー氏から丁寧な説明を受け、ジョン万次郎が通った小学校や教会、そしてウィットフィールド家の墓地などを見学した。

ウィットフィールド船長の万次郎への愛情が、日本の近代化に貢献した。教育とは偉大であると感じる。

土佐の鯨食の拠点

土佐のクジラを堪能したいのであれば、高知市内の「司《つかさ》」がよい。ここは、東京の「土佐料理 祢保希《ねぼけ》銀座店」の姉妹店に当たる店で、名物は、当地のおめでたい慶事の宴席に欠かせない「皿鉢《さわち》料理」である。

皿鉢料理は、彩り豊かな直径四五センチほどの大皿に、新鮮な刺身やカツオのたたき、寿司などを満載し、同時に煮物、揚げ物、酢の物などの「組み物」も添えて味わう郷土料理である。土佐は、人とのつながりを大切にするお国柄であり、酒宴の席でのコミュニケーションを非常に大切にする。そのため、お互いの心の垣根を取り払うために、料理を大皿で供し、杯を酌《く》み交わして親睦を深めるのである。

そして、クジラ料理では、豪華な「特選鯨料理盛合せ」や「特上鯨さしみ」「鯨上ミノさしみ」に始まって、揚げ物であれば「鯨カツ」、ベーコンであれば「うねす燻製」、なつかしの味を楽しむのであれば「鯨大和煮」など、多くの逸品を味わうことができる。高知訪問の楽しみの一つといえるだろう。

また、室戸の地は、かつて「土佐捕鯨」の中心地として栄えたが、ここを訪問した際には、おいしい「さえずり」が出てきた。しかし、二〇〇〇年七月、定置網で混獲されたクジラを全国販売できるように農林水産省令を制定したところ、それがまったく味わえなくなった。関係者に尋ねたところ、以前は地場で消費していたものを、その後は高く売れる東京や大阪に出荷するようになったそうだ。経済とは力強いものだが、土佐での筆者のささやかな楽しみが減ってしまった。

6、山口の鯨食を訪ねる

世界に誇る「クジラ供養」の遺跡

山口県といえば、今なお捕鯨文化の盛んな土地柄として世界的に知られたところである。ＩＷＣの総会も同県下関市で開催されるなど、日本の捕鯨文化を、地域一体となって盛り上げていこうという気風に満ちあふれている。その捕鯨史を切り開いたのが、下関市の隣町にあたる、長門市である。

長門市の捕鯨は、一六七三年に「通浦《かよいうら》」の地で庄屋をつとめていた早川《はやかわ》家が、長州藩を治める毛利氏に取り立てられ、藩をあげて「鯨組」に取り組んだことに始まる。

早川家はもと武士の出で、別の姓を名乗っていたのを、豊臣秀吉による朝鮮出兵時、毛利水軍の船頭をつとめて功績があり、早川の姓を名乗ることになった。以降、「北浦捕鯨」

は、四大古式捕鯨の一角を占め、一九〇八年頃まで二百数十年もの長きにわたってクジラ文化を花開かせていく。

長門市通浦の地には、今も「早川家住宅」が残され、国の重要文化財に指定されている。水産業関係の住宅で国の重文指定を受けているのは全国でたった二つしかなく、捕鯨関係としては当然唯一のものである。見学には予約が必要だが、一見の価値はある。

早川家住宅から歩いて数分のところにある向岸寺には、クジラを供養するために作られた「青海島鯨墓《おうみじまくじらばか》」がある。紫津浦《しつら》湾に追いこんだクジラを解体すると、胎児が入っていたことで、捕獲した人々がこれを悼《いた》み、墓を建てた。

またこの寺には、鯨位牌と一緒に、一七一九（享保四）年から一八三七（天保八）年の約一二〇年間に捕獲した母子のクジラに戒名をつけ、その種類、捕獲場所、捕獲組名を年月日順に記録した「鯨鯢過去帖《げいげい》」が安置されている。

鯨墓、鯨位牌、鯨鯢過去帖の三位一体でクジラの供養を続けているのは、わたしが知るかぎりでは、日本で、いや世界でもここだけである。

長門出身の詩人・金子みすゞは二六歳の若さで夭逝《ようせい》したが、その短い生涯に五一二編もの詩を作ったとされている。彼女の心を動かしたのが、故郷の捕鯨である。地元の漁師たちがクジラの死を悼むために「鯨法会《くじらほうえ》」という追悼行事をおこない、自分たち人間とまったく変わらない方法で葬儀をし、墓や過去帳を作って供養する。弱肉強食という厳しい生存原理のために、相手の命を奪わねばならない深い業《ごう》を人間は負っているけれども、それでも相手の命を尊ぶという姿勢に、金子は素朴な感動を覚えた。中でも『鯨墓』は、彼女の出発点ともいわれ、この地で生活する人間のクジラに対する思いを代弁している。

捕鯨基地となって、戦後日本を背負う

幕末以降、アメリカの乱獲を理由とした日本の「網捕り式」捕鯨の衰退の波が全国を覆う中、先陣を切るかのように「近代式捕鯨」を導入し、捕鯨基地として見事蘇生していったのが下関である。

中部幾次郎《なかべいくじろう》――彼の名前を知らなくても、水産会社「マルハ」(現在はマルハニチロ)の名を聞いたことはあるだろう。幾次郎は、そのマルハの創業者として、一代で大企業を育て上げた。アイデアマンであるのと同時に、高い志を持ち、戦後には、数十トンもの鯨肉

を戦後の焼け野原へ持ちこみ、多くの日本人の命をつないだ。まさに我が国水産界の巨人である。

彼は一八六六年、兵庫県の漁村に生まれた。生家は鮮魚輸送卸である。才気煥発《さいきかんぱつ》な少年時代には、家業の運搬船に発動機をつけ、大阪の市場へ午前中に魚を届けたという伝説も持っていた。

のち下関に移って、国産初の捕鯨船「日新丸《にっしんまる》」を建造し、漁業を事業の中核に据えつつも水産物加工、海上輸送、造船事業など経営の多角化にも乗り出し、水産系列会社群を作り上げた。社会事業にも非常に熱心で、下関商工会議所の会頭をつとめながら、故郷のために「市立明石中学校」設立の経費半額を寄付するなどした。これらの功績により、終戦の翌年には、まだ廃止されていなかった天皇の任命による勅撰《ちょくせん》貴族院議員にも選出されている。

幾次郎の人生最後の仕事となったのが、いわゆる南氷洋捕鯨への再出漁である。彼は、戦前から南極のゆたかなクジラ資源に目をつけていたが、戦中の物資欠乏によって自社の船舶がすべて軍事用に徴用されてしまい、計画を断念、大きな挫折を味わっていた。

戦後になり、祖国日本があたり一面焼け野原になると、当然食料不足が社会問題化してきた。幾次郎は、その解決を捕鯨に求めた。南極から収穫が見込め、国民の食料事情を大きく改善させることができると確信する。マッカーサーに掛け合い、ついに捕鯨の許可を勝ちとった。自身はその年、この世を去るが、彼の志を受け継ぐ社員たちが南氷洋捕鯨に奔走した。持ち帰られた鯨肉は、戦後の荒廃した人心を大きく励まし、復興への力強いメッセージとなった。

中部幾次郎のほかにも、アメリカに次いでロシアまでが日本近海で捕獲したクジラを日本に売りつけるさまを日々危惧《きぐ》した岡十郎《おかじゅうろう》ならびに山田桃作の存在を忘れてはならない。二人は「日本遠洋漁業株式会社」を設立し、ノルウェー式の大砲や銛など近代捕鯨設備を導入、いち早く沿岸捕鯨を脱し遠洋捕鯨へと乗り出す。そして一九三四年には、はるか彼方の南氷洋まで遠征し、日本の捕鯨産業を勃興させていくのである。

また、朝鮮での水産業の振興と、本土への通商で財を成し、北洋のサケ・マス漁業から撤退して補償金を得た「林兼《はやしかね》商店」は、下関を拠点として南氷洋での捕鯨操業を一九三六(昭和一一)年から開始した。その後、第二次世界大戦が始まり、捕鯨船が軍用船として徴用されるまで、下関は、日本捕鯨の国際化に大きく貢献することとなった。戦後も「大洋漁業」本社が東京に移るまで、中枢としての機能を果たした。

地域の人が支える鯨食文化

下関は、今も鯨食文化の保護に積極的である。地域一帯となって鯨食の振興に熱心な団体が多くあり、また行政側もこれら団体の活動をバックアップしていることから、とにかく鯨食の種類や店舗が豊富である。伝統的でスタンダードな刺身、ベーコン、ステーキ、竜田揚げ、おでんに始まって、ユニークなところでは、「クジラのチャーハン」「クジラのカツ丼」「クジラのカツカレー」など、かつて鯨肉が牛肉や豚肉や鶏肉などよりも安く大衆的だった時のように、実に多様なクジラ料理を楽しむことができる。

クジラ料理の名店がキラ星のように軒を連ねる下関にあって、「人々の記憶に残る」という視点から、鯨食文化に貢献する店舗をいくつか紹介しよう。

「下関くじら館」の小島《こじま》純子《じゅんこ》さんとお会いしたのは、たしかIWC日本開催のハイライト、二〇〇二年の下関総会だったと記憶する。このとき、風前の灯であった我が国の捕鯨活動を、多くの方々の理解と支援のもとに盛り上げ、圧倒的に不利な状況下に置かれていた捕鯨国と反捕鯨国の勢力図を、どうにか拮抗《きっこう》するところにまで持ってきたのが下関総会だった。

「難しい理論は分からない。でも、世界的な食糧危機にあって、人類のタンパク源を鯨肉に求めずして何に求めるのか」と考える小島さんは、地元でおこなわれる総会にあわせて外国人に鯨食文化への理解を求めようとした。英語の看板を作りたいからということで、わたしに英文添削を依頼してこられたのである。

「クジラの保護と、持続的利用は共に必要です」といった意味のことが書かれた看板を、小島さんは店に設置し、下関を訪れる外国人観光客のために、高価な鯨肉のセットメニューを一〇〇〇円で提供した。この試みは、捕鯨容認国のアイスランドやグレナダのみならず、反捕鯨国のメキシコやアメリカなどの人々にも好評を博したようである。当時の小島さんの活躍は共同通信社の記事の中で大きく取り上げられていた。

同店は、水産関係の業界紙「みなと新聞」の支社長をつとめていた小島洋二氏が、一九七七年に妻の康子さんと開業した。

当時は、「商業捕鯨モラトリアム」によって我が国の商業捕鯨が一時停止され、その影響を受ける形で「大洋漁業」系列のクジラ料理店「日新《につしん》」が閉店、下関の鯨食文化も衰退に向かうかに見えた。しかし洋二氏が、「他国の圧力に屈する形で鯨食文化が廃《すた》れていくのは忍びない」との決心のもとに開業、以来、地域のみならず広く国内外からもお客を集める下関の名店として、あまりにも有名になった。

とはいっても、洋二氏は新聞記者であったため、開業時のご苦労は並大抵のものではなかったようで、まだクジラ料理が苦手だった娘の純子さんと博子さんが「おいしい」というまで試行錯誤を繰り返し、五〇近いクジラ料理のメニューを開発した。現在もその頃からのメニューが残っているそうだ。

子供たちや若年層に愛される「鯨コロッケ」や、クジラの赤身と本皮を甘辛醤油の出汁《だし》と卵で食す「巌流《がんりゅう》武蔵鍋」など、ユニークなオリジナル料理だけでなく、鮮度にも特別のこだわりを持つ。珍味では、ベーコン、舌、胃、腎臓、尾羽《おば》、百尋、心臓、刺身では、赤肉、鹿の子《かのこ》、尾の身《おのみ》など、そのほとんどをご一家で調理し、手作りのよさと、防腐剤などを使用しない食の安全を提供している。

鯨食文化の「文化」とは、ただ単に年代を経るから文化になるのではない。そこに人間の営みがあり、生活があり、人々のクジラに対する熱意と継続した努力があるから、歳月の経過とともに「文化」が育っていく。日本の鯨食文化は地域の人々によって支えられているのだという事実を、決して忘れてはならない。

一九九九年に開店した「味処《あじどころ》長州くじら亭」は、大正八年創業の水産物加工卸売りの「マル幸《こう》商事株式会社」直営という強みを活かしている。そばには、「下関市立しものせき水族館　海響館」がある。ここは、「太地町立くじらの博物館」のところで紹介した「シロナガスクジラ全身骨格標本」のオリジナルが展示されている水族館でもある。

長州くじら亭のお勧めメニューは、やはり「日新丸御膳」や「くじら亭定食」になるだろう。とくに、くじら亭定食は、一五七五円というリーズナブルな価格設定にもかかわらず、竜田揚げや新鮮な赤身の刺身などを楽しめる。

また、この店に隣接する「直売店　魚餐《ぎよさん》」では、お土産用として、竜田揚げ、スモークハム、鯨ベーコン、赤身刺身など、鯨肉加工品を買い求めることができる。店構えは伝統と風格漂う「鯨問屋」らしい造りで、長州の捕鯨文化の情緒を楽しめるだろう。

さらに、全国宅配にも対応しており、品数が驚くほど豊富だ。生姜醤油やわさび醤油で食す刺身用の赤肉や皮、桜のチップでスモークしレモン汁やポン酢で食する「畝須《うねす》ベーコン」「畝須スモークベーコン」、炊き込みご飯や鍋物の具材に適した「冷本皮」「塩畝」、子供のおやつやチャーハンなどの具材にもぴったりな「レトロソーセージ」、鯨肉をまろやかに煮込んだスパイシーな香りの「くじらカレー」などもある。何よりうれしいのは、わたしが少年時代からずっと食べ続けてきた「大和煮缶詰」を扱っていることだろう。温かいご飯にかけるのも、酒の肴《さかな》に一杯たのしむのも、どちらも美味だ。

マル幸商事株式会社は、創業八〇年、「直売は地域一番店！　加工品は業界ナンバーワン！」を目指しており、鯨肉の全国販売も、「クジラは将来、捕獲量が増えることが予想されるから、その時まで鯨肉の味を覚えておいてほしい」との願いから始められた。

7、長崎の鯨食を訪ねる

豊かな鯨食文化の地

長崎・平戸《ひらど》の地で鯨組を営んだ「益富家《ますとみけ》」が、捕鯨活動から得られる莫大《ばくだい》な富をバックボーンにして地域経済を支え、地域文化をリードしてきたことはすでに述べた。益富家歴代の当主は、平戸藩の「経済産業大臣」「財務大臣」「文部科学大臣」「厚生労働大臣」的役割をもってこの地の発展に貢献してきた。

壱岐《いき》から広く五島《ごとう》列島までを捕鯨活動のテリトリーとして、何十隻もの大船団を擁《よう》し、数千人規模の人員を雇って大規模に商業捕鯨を展開、最盛期には年間三〇〇頭ものクジラを捕獲している。これによって、徳川幕府の鎖国政策で貿易の自由を失い没落していた平戸藩の危機を見事に救った。日本最大の捕鯨業者として全国に名を轟《とどろ》かせ、総計二万頭以上のクジラを捕獲し、三〇〇万両もの巨富を稼《かせ》ぎ出したのである。

一方で、自らの暮らしぶりは質素倹約であり、地域のためには惜しみなく金銭を投入した。火事で人々が焼け出されれば自邸を開放して保護し、津波が押し寄せれば次々に堤防を築いて、漁民の生活を守る。諸国から芸能関係者を招聘《しょうへい》し、地域文化を勃興させ、名酒の開発など地域の特産品開発、病院の建設にも力を注いだ。

このような益富家の歴史にあって、ひと際かがやく歴史の一ページとなったのが、「司《し》馬《ば》江《こう》漢《かん》」との出会いだろう。彼は、日本初のエッチング（銅版画）絵師として名を馳せた進歩的な芸術家の一人である。

平戸藩は、捕鯨の重要さをよく理解していたことから、その中央へのＰＲに強い関心があった。江戸から司馬江漢を招聘し、彼の芸術的センスを通じて全国に平戸の物産をアピールしようと試みたのである。

一七八八年の師走、江戸からはるばる長崎の地を訪れた司馬江漢は、益富家の歓待を受けると、翌日には早速、小高い丘の上からマグロ漁を見学。一二月一六日の早朝には、念願のクジラがあらわれたことから、司馬江漢自身も捕鯨船に乗りこんでいる。ダイナミックな捕鯨の様子を『生月島捕鯨見聞図説』などの作品で発表し、平戸捕鯨文化の隆昌を讃《たた》えることになった。

また、奥州伊達《だて》藩の学者・大槻清準《おおつきせいじゅん》は、一八〇八（文化五）年に生月を訪れ、捕鯨図説『鯨史稿《げいしこう》』を書く。これは、幕府から江戸城のお堀の掘削や北上川の氾濫対策を命じられることによって財政難となった伊達藩が、捕鯨に目をつけ、その経済活動で藩財政を建て直そうとしたものである。捕鯨は一大産業だった。

進取の気質に富む当地では、クジラ料理も非常に独特なものとなる。長崎市では、今も一般的な風習として、慶弔ごとには必ずクジラ料理を食べる。

たとえば、正月には、尾ヒレの湯引《ゆび》きや、鯨ベーコンで有名な畝須《うねす》、小腸の百尋《ひゃくひろ》など、いわゆる「珍味」とされる鯨肉の部位を重箱につめて、おせち料理を作る。また、本州の「お雑煮」に対応する形で「鯨雑煮」も作るが、これはそのまま、餅の代わりに皮や畝須を入れて野菜と煮込む雑煮料理だ。他に、「鯨皮のなます」も用意される。クジラの皮を細切りにし、大根や人参などとお酢であえて供する料理で、さっぱりした味わいが優しく胃を包んでくれるだろう。

その他、オーソドックスな鯨のベーコン、舌のさえずり、燻《くん》製なども楽しむことができ、この一帯は、まさに鯨食文化の一大テーマパークと評してよいように思う。

南松浦《みなみまつうら》郡の新上五島《しんかみごとう》町「有川《ありかわ》」では、「和食処　味彩《あじさい》」がクジラ料理を提供している。一九八九年七月に開店、地域に根ざした店として、五島近海魚やミンククジラの「須の子」「畝」「赤身」などの刺身や、「ベーコン」「百尋」「さえずり」「胃わた」「豆わた」などの茹でもの、さらに「燻製」「串カツ」「ハリハリ鍋」「大和煮」「そぼろ」など、食材本来の旨味を引き出し、素朴で豊かな味わいを大切にしている。

有川での慶弔ごとには、クジラの「なます」「刺身」や「さらしクジラ」などが彩り豊かに卓上に並ぶ。人生の悲喜こもごもを、クジラとともに過ごしてきた精神性豊かな人々の食文化に学びたい。

8、佐賀の鯨食を訪ねる

殿様より栄えた鯨組当主

古くからクジラの回遊ルートにあった佐賀の唐津《からつ》あたりでは、捕鯨活動が早くから盛んになった。「鯨組」も結成され、その当主である中尾《なかお》家が、唐津の地域文化をリードするとともに、唐津藩の国家財政をも支えることとなった。中尾家は八代にわたって「呼子《よぶこ》」に邸宅を構え、小川島《おがわしま》を根拠地として捕鯨を営んだ。当主は代々「甚六《じんろく》」を名乗って活躍した。

三代目中尾甚六は、その経営手腕と地域貢献を讃えられ、大きな財を築いた。その財力への嫉妬と尊敬の念が入りまじり、「中尾様にはおよびもないが、せめてなりたや殿様に」という小唄も聞かれるほどだった。中尾家は、藩よりも唐津を動かす財力がある、といった意味が込められている。

実際に、中尾家の経理場には、千両箱がうずたかく積み上げられていたといわれ、唐津藩主がこの家を訪れた際には、いわゆる「殿見の間」に通され、クジラ漁出航の様子を部屋の中から一望した。

呼子には、今も中尾家の旧宅が残されており、ちょうど二〇一〇年末には、二年の歳月をかけた保存修復工事が終了し、一般に公開された。県外観光者への公開も近い時期に予定されているらしい。

呼子の名物「松浦漬《まつうらづけ》」

佐賀・呼子の地において、全国的な知名度を持ち、我が国鯨食文化の代名詞ともいえるのが、「松浦漬」だろう。「蕪骨《かぶらぼね》」と呼ばれるクジラの鼻筋の軟骨を、細かく刻んで長時間水にさらして脂を抜き、酒粕《さけかす》で甘く漬けこむ伝統食である。

酒粕によってなめらかになった舌触り、軟骨のこりこりとした歯ざわりを同時に楽しむことができ、美食家の舌をうならせている。

毎年の一月から二月にかけて、酒粕を深さ三メートルもの巨大な樽の中に投下すると、なんとその樽の中に人が入り「粕踏《ふ》み」と呼ばれる人力の作業をおこなう。こうして、丸一日もかけてしっかり踏みしめ、酒粕の力強い旨味と薫りを引き出している。

この「松浦漬」を、今なお変わらぬ味で全国販売しているのが「有限会社 松浦漬本舗」だ。同社は、中尾家の後を受け継いだ「小川嶋捕鯨株式会社」の出資者・山下善市《やましたぜんいち》夫妻によって創作された。山下夫妻は、利用価値の乏しかった「蕪骨」の有効利用を思い立ち、軟骨特有の食感に目をつけ、研究を重ねた。善市の妻・ツルは思わず破産しかけるほどの多額の開発費をつぎこんだり、愛宕神社に「お百度参り」に出かけたりなど、数々の伝説を残す人物である。まもなく商品化に成功すると、明治二五年には「松浦漬本舗」を創業し、初代社長となった。

その後、明治四〇年には「松浦漬」の商標登録の取得もおこない、この商品を全国区の存在に育てていく。ツルは、その人生のすべてを賭《か》けたといっても過言ではない「松浦漬」に関する製法、その他の情報流出を一切禁止した。それらをメモに残すことを禁じ、作業場のやりとりは隠語を使って業務をおこなうなど、徹底していた。まるで伝統武術さ

地方で発達したさまざまな物産。写真（上）は、南房総市千倉にある「ハクダイ食品」において、当地の名物である「クジラのタレ」を天日干ししているところ。写真（下）は、佐賀県呼子の名物「松浦漬」。捕鯨の様子を描いた缶のデザインがすばらしい。

ながらの厳格さで、味の製法を守ってきたのである。

呼子は、ヤリイカの刺身や天ぷらが名物であるが、わたしは、ここでヤリイカの天ぷらをいただく際は、あわせて松浦漬を買い求め、一緒にご飯の上にのせて食べる。これが絶妙においしい。イカ天の油と、松浦漬の質素な甘さがほどよい組み合わせになる。

9、東京にいながらクジラを食べる

名店案内

東京は、世界に冠たる「食都」である。日本料理の素材の吟味、調理、盛りつけはすべてが超一流であるだけでなく、イタリア料理、フランス料理、中華料理とも、本国のレベルより高いレストランがたくさんある。そのことは、「ミシュラン」の三ツ星レストランが多いことでも示されよう。

クジラ料理店も高いレベルにあるが、それでも真髄を味わうには、事前にどのような部位を味わうことができるのかを知っておき、何より信頼できる店に足を運ぶことが大切なのではないかと思う。

なお、ここでご紹介する情報は、二〇一一年春現在の情報であるということをご了承いただきたい。訪問の前には、確認をされることをお願いしたい。

土佐料理祢保希《ねぼけ》　銀座店

「祢保希」は土佐料理の店として名高い。かつて土佐は、幕末の山内容堂《やまうちようどう》で知られる山内家の治めた土地であり、「網捕り式」捕鯨は、二代藩主の時に始まった。

この店は、素材へのこだわりは強いし、社長も、料理長を務める常務も、クジラ料理に造詣が深い。また、高知県はカツオ漁が盛んでもあることから、冬にはクジラ、夏にはカツオと、季節ごとの旬を高知の郷土料理「皿鉢《さわち》料理」のスタイルで楽しむことができる。

肝心のクジラ料理についていえば、やはり何といっても「鯨ベーコン」が美味だ。独特の「燻液（香りづけの液）」を使用するが、周りを赤く着色することはなく、ベーコンというよりかは、伝統食である「塩蔵肉」としての趣を持っている。また、「ハリハリ鍋」が東京で食べる鍋としては逸品ではないか。

酒と恋愛と詩を愛した「鯨海酔侯《げいかいすいこう》」山内容堂が治めた土佐だけあって、酒もよい。銘酒「土佐鶴《とさづる》」の純米吟醸を片手に夏と冬の季節を楽しめる。

樽一《たるいち》

東洋一の歓楽街にして不夜城の新宿歌舞伎町《かぶきちょう》。そのど真ん中で店舗を構えるのが「樽一」だ。わたしはこの店をお父上の代から承知している。今は、二代目店主の佐藤慎太郎さんの心意気がすがすがしい。

内臓系が豊富で、百尋、マメ、心臓などからはじまって、実に多くの珍味を楽しむことができる。もちろん赤肉の刺身や唐揚げなど、スタンダードなクジラ料理も、宮城の銘酒「浦霞《うらかすみ》」とともに味わえる。鯨肉を高級珍味ととらえず、広く庶民的な感覚でクジラ料理を普及しようとされている。歌舞伎町という意外な立地も、その精神をあらわしているのだろう。

二〇一〇年の五月、わたしは、イスラム文明圏でもっとも影響力を持つアルジャジーラ放送のインタビューを、この店内で受けた。

くじらの店　捕鯨船

捕鯨船は「気概」を感じる店である。「鯨を喰《く》って芸をみがけ」の洒落をキャッチコピーに、多くの芸人を育て、多くの芸人に愛されてきたお店である。彼らがやがて有名になって、その口を通じて日本の鯨食文化をＰＲしてもらえたらとの期待が込められている。店主の河野《こうの》さんご一家が、家族的な雰囲気で店を切盛りしていて、いつも盛況だ。浅草を愛し、クジラを愛して街を盛り上げていこうという気概が、いつも全身からみなぎっている。十数年前に脳梗塞《のうこうそく》で倒れられてからも、見事に復活。今も、優しいおかみさん、息子さんと一緒にクジラの味を守りつづけている。

わたしは、ここの「クジラ焼きそば」が好きだ。豚肉の代わりに鯨肉をつかい、昔懐かしい味に仕立てている。これを肴にして、酒を楽しんでいると、あたかも昭和の時代にタイムスリップしたような感覚になる。また、縁起物とされる本皮と赤身の刺身も、上品な中トロに似たとろける味わいだ。

元祖くじら屋

とにかく研究熱心なお店である。ここでは、「鯨からあげ（竜田揚げ）」が特徴だ。唐揚げに関しては、出かけるたびにおいしくなり、日々工夫を重ねているのがわかる。

昨年末にも、留学時代の同窓生が「鯨ベーコン」を食べたいというから、連れ立って出かけた。料理も、いわゆる正統派のコース料理から、「げいじすかん焼（鯨のジンギスカン）」「チーズ鯨カツ」「鯨肉天ぷら」「鯨肉インド焼」「鯨肉みそステーキ」など、創作料理の豊富さには驚かされる。

これからの時代、鯨食文化の発展と定着に必要なことは、「鯨肉」を単なる高級食材や珍味にするのではなく、一人でも多くの消費者に対して、少しでも廉価《れんか》にして提供する方法しかないだろう。

また、大衆というマーケットに力強く訴求するためには、若い人たちの嗜好《しこう》に適《かな》う商品

（メニュー）開発が何より大切になる。伝統的な日本料理だけでなく、イタリア料理、フランス料理、ファーストフードなどにもっと取り入れられる必要がある。現代的な居酒屋でも、料理として置いているところがないわけではないが、一皿ごとの量があまりにも少なく、一見して「クジラ」に見えないようなものも多い。まず、供給量を増やし、気軽に食べられるようにすることが原点であろう。

終章　未来食としてのクジラ

1、増えている鯨類資源――南氷洋と北西太平洋

毎年四〇〇〇頭捕っても問題ない

南氷洋はクジラ類資源の宝庫である。現在ミンククジラだけでも、三八万頭から七一万頭が生息し、初期資源量である八万頭から比べると大幅な増加である。さらにこれが年間四パーセント程度の割合で増加しており、理論上では、毎年約一万五〇〇〇頭を捕獲しても何の問題もない。

この他にも、南氷洋にはナガスクジラが一万二〇〇〇頭（全海洋では八万五〇〇〇頭）、ザトウクジラが三万七〇〇〇頭も生息する。これらは、日本が科学調査を実施している海域のみの数字であるから、南氷洋の半分以下の海域での頭数である。これらもまた年間約一〇〜一四パーセント増加していると推定されている。

北西太平洋でも、鯨類資源の増加は著しい。イワシクジラが捕獲禁止になった一九七〇年代には九〇〇〇頭にまで減少していたが、現在では六万九〇〇〇頭にまで回復している。マッコウクジラは、日本近海だけで一〇万九〇〇〇頭、ミンククジラの北西太平洋の系群が二万五〇〇〇頭あり、これにミンククジラの日本海の系群一万六〇〇〇頭が加わる。

二〇〇四年以前まで、我が国はＩＷＣで南氷洋上での捕鯨枠を要求しつづけてきた。今後も正々堂々と、南氷洋におけるミンククジラ四〇〇〇頭程度（これによって約二万トンの鯨肉生産が可能）の持続的な「商業捕鯨」の再開を主張すべきである。このうちの半分程度を、データの蓄積と科学研究用に、科学捕鯨（いわゆる「調査捕鯨」）として実施することが望ましい。これによって、地球温暖化、海洋酸性化、将来の食糧問題の解決に寄与することができる。

海産物である鯨肉は、もっと安価で大量に国民へ提供されなくてはならない。もう「珍味としての鯨肉」の時代は終わった。

鯨食を守る気のない日本政府

ところが二〇一〇年六月、ＩＷＣ（国際捕鯨委員会）正副議長提案の名の下に、日本はアメリカと事実上共同し、我が国の南氷洋の調査捕鯨から撤退する提案をおこなった。議長提案とはいうものの、日本側から足しげくアメリカに通って作ったのである。これまでの主張を覆《くつがえ》し、国際条約上の権利を放棄したのであるから、これは屈辱的な提案に他ならない。

具体的には、南氷洋でのミンククジラ捕獲数を現行の九三五頭から二〇〇頭に、ナガスクジラは五〇頭から五頭に、ザトウクジラは五〇頭（割り当てはあったが、捕獲していない）から〇頭にそれぞれ削減するものであった。あわせて一〇三五頭から二〇五頭という大幅な削減だが、これでは出漁しても採算割れとなるため、実質的にはゼロになったと考えてよい。また北西太平洋でも、合計三八〇頭あったものを二二二頭とし、「漁業競合調査」（クジラ類の捕食が、魚の漁獲量にどのような影響を与えているかを調査すること）が不可能な数字になっている。日本は八四パーセントもの削減を自ら提案したのである。

「科学的根拠に基づく鯨類資源の持続的利用と異なる食文化の尊重」という、国際社会にも堂々と通用する主張を自ら変更し撤回した記憶に残る年となった。奇しくも、民主党に政権交代がおこなわれて最初のＩＷＣ総会であった。国民からも、世界の半数の国々からも支持されていた主張を「政治主導」の名の下に簡単に変更し、一方的に譲歩したのである。このような非科学的対応は撤回すべきであろう。しかも、そのことについて、国民は何ら説明を受けていない。メディアも大きく取り上げなかった。

さらに、二〇一一年二月一八日、今度は、反捕鯨団体「シーシェパード」の妨害を受けたことを理由に、本年度の南氷洋の調査捕鯨からの撤退を決定した。これについては、二〇〇五年から妨害が継続していたわけであるから、打つ手は明確に判明していたはずである。日本の主権的管轄下で操業《そうぎょう》する自国船を守るのは、政府の当然の義務であり、それを怠り、逃げ帰ることは、国民の目にも、国際的な目にも許されない。海上保安庁と水産庁の巡視船、取締船を派遣して、安全を守る姿勢を断固として示すことが本来あるべき姿である。

南氷洋は人類共有の財産である。オーストラリアやニュージーランドが主張する南極の領有権や排他的経済水域の設定は、その他多数の国際社会にとっては受け入れられない。

南極は、平和利用と科学目的の利用に限定すべきと、南極条約でも明確になっている。

そこで、このような暴力に屈して、日本が南氷洋から撤退することは、領有権の問題からも悪しき前例となってしまう。実は南氷洋問題は、尖閣《せんかく》諸島、竹島《たけしま》、北方領土に次ぐ、第四の領土問題であり、相手国ないしはその関係者の圧力に屈すれば、他の領土問題への影響力がはなはだしい。このことは、政府、国民とも、はっきりと認識してもらいたい。

次の二〇一一年度以降の南氷洋調査捕鯨は、より明確に内容を拡充して実施すべきである。さもなければ、国際社会から軽蔑されよう。しかし悲しいかな、日本は、二〇一〇年度の調査捕鯨を一七〇頭の捕獲のみで終了させ、二〇一一年三月二一日、日新丸を帰国させてしまった。

オーストラリアならびにニュージーランド政府が、日本の南氷洋からの撤退を歓迎する旨の声明を発表したが、これは自由主義、民主主義の国家として恥ずかしい。合法的行為の自由が暴力によって抑圧されてはならないし、両国政府が結果として違法な暴力的妨害を容認したことは残念でならない。目的のためなら手段は問わないという姿勢は、テロの容認にもつながりかねない極めて不適切な態度であろう。

一方の北西太平洋では、過剰な漁獲によって漁業資源の悪化が顕著になってきているが、これとともに、クジラ類による「捕食」の影響も大きいと考えられる。しかし、この漁業資源と鯨類資源の相関関係については、双方の管理のための科学的な方式はいまだ導き出されていない。一九九四年から始まった北西太平洋の科学調査は、すでに結果を示す時期をとうに過ぎている。

ところが、一九八八年に建造された日新丸《にっしん》（捕鯨母船）は、旧式の冷凍設備のままであり、凍結技術が充分ではない。そのために、解凍時に細胞液に由来する赤い血のようなドリップが出てしまい、見栄《みば》えが悪く、食味も減退する。このことはくりかえし提言してきたことであるが、早急に改善が必要だ。政府が本気で我が国鯨食文化を残そうとしているのか、まったく疑問を抱かざるを得ない。

2、クジラは、人類最高の食材

その生命エネルギーを支える「バレニン」

縄文弥生のはるかな時代から、わたしたち日本人が親しんできた鯨肉だが、その栄養学的優位性は、最新の各種調査によっても明らかになってきている。まず、基本的な特徴として、鯨肉は牛肉、豚肉、鶏肉などの動物性肉類と比べて、低カロリーで低脂肪、そして高タンパクだという美点があげられるだろう。さらに鯨肉は、鉄分やビタミンAが豊富であり、その他の栄養素にも富《と》んでいる。

たとえば、脂質に含まれる「EPA」は血栓《けっせん》防止や血流の改善、中性脂肪の低下や肥満予防に効果が期待されるし、「DHA」は視力改善に始まって、学習機能向上、認知症予防、がん予防、コレステロールの低下に効果があることが知られている。そして、タンパク質・アミノ酸の分類から見れば、「ペプチド」は血圧低下に、「コラーゲン」は美肌効果に、「イミダゾール類」は抗酸化作用をもつことが知られている。

クジラ類が栄養価に富むのは、クジラ類が有する驚異的な生命エネルギーにあるのだと思われる。その多くは、一年のうち半年近くを冷たい海で過ごし、残りを温かい海で過ごす。これは、冷たい海に自らのエサ場があり、温かい海では繁殖行為に励《はげ》むからである。そして、温かい海で過ごす子育ての期間、そしてエサ場へと戻っていく数千キロの移動の期間を、絶食状態で活動すると考えられている。

およそ他の生物に見られない驚異的なその生命エネルギーは、どこから来るのか。近年の調査によって、それが、ウシやブタなどからは検出されないが、クジラ類は大量に有する「バレニン」によることが分かってきた。

これは、二つのアミノ酸の結合体で、イミダゾール基を有するイミダゾール・ジペプチドの一種で、マグロ類にみられるアンセリンや、鳥類にあるカルノシンと同質のものである。「バレニン」は、運動によって生じるPHの低下を抑制し、乳酸蓄積を抑え、長期の運動を可能とする。疲労回復にも効果がある。

クジラ類は哺乳類であることから、牛や豚など動物性肉類と同じなのだという錯覚を持ちやすい。けれども、クジラ類の本質は海洋性動物である。すなわち、クジラ類は魚介類に近いのだといえるのである。たとえば、鯨肉は「不飽和脂肪酸」に富んでいるが、牛肉や豚肉は「飽和脂肪酸」を持つ。「飽和脂肪酸」の過剰な摂取《せっしゅ》は、血液中のコレステロール上昇につながり、動脈硬化や高血圧など心臓病の要因ともなっていく。これに対して、鯨肉の「不飽和脂肪酸」は、血流の改善、脳の活性化、学習機能の向上、コレステロールの低下などに効果がある。

南氷洋のクジラは、唯一汚染のない食材

また、食物アレルギーに対する適応性においても、鯨肉はすぐれている。魚アレルギーの人でも、クジラは哺乳類であるから問題なく食べられるということなのである。

食物アレルギーを防ぐ、最も簡単で有効な方法は、アレルギー疾患《しっかん》を引きおこす食品を摂取しないということであるが、豚肉や魚肉、豆類などは、児童が成長していく上で欠かすことのできない重要なタンパク質を含んでいる。その摂取に問題があるから、排除して

しまうというのであれば、栄養バランスが崩れ、健全な成長に重大な影響を与えかねない。しかし、鯨肉ならば、それらと同質か、それ以上の栄養が得られ、アレルギー源もない。今後、鯨肉が食物アレルギーに悩む人々の救い手になることは、ほぼ間違いがないだろう。

そして、この期待に一番こたえてくれるのが、南氷洋のミンククジラである。人類にとって、南氷洋は、最も清浄な（環境的に汚染されていない）最後のフロンティアであるからだ。

たとえば、豚肉アレルギーがあるという人でも、大自然の中で育てられた、農薬や化学物質の影響の少ない健康な豚であれば、問題なく食べることができ、アレルギー疾患も引き起こさないという例がある。

現代文明は、生活排水や産業廃棄物を日々生み出し続ける。これらの中には人体に極めて有害な、ダイオキシン、ＰＣＢ、リン、チッソなどの有機塩素化合物、また、水銀やカドミウムなどの重金属類が含まれている。こうした汚染物質は、大地から生み出される野菜や植物に悪影響を与えるし、それらを口に含む家畜類や動物に悪影響を与える。そしてその悪影響がまわりまわって食物連鎖の頂点に立つ人間の口へと運ばれていくのである。つまり、わたしたちの食卓にのぼる肉や野菜は、大なり小なり環境汚染の影響下にある。

さらに、東日本大震災以降、我が国周辺海域を中心とする北西太平洋は、福島第一原子力発電所より放出されつづけている放射能物質によって汚染されている。海の食物連鎖で最上位にあるクジラにもその悪影響が懸念《けねん》されるところだ。

よって、清浄な南氷洋に生息し、潤沢《じゅんたく》な資源量を持つミンククジラをはじめとするクジラ類を積極的に取り入れるべき段階にきている。それは単に、美容や健康という視点のみにとらわれない、人間としての基本的な生存環境を守るための選択であるともいえよう。

このように、限りある天然の生物資源を大切に、かつ持続的に捕獲し、地球環境に適合する生き方の一例として、日本人の鯨食文化と鯨肉の関わり、その長い歴史と現在の「食」について、情報を世界に発信すべきである。また、南氷洋の資源は人類共有の資源であり、南半球諸国や南極大陸への「クレイマント（領有権主張国）」の所有物にされてはならない。

そのためには、調査捕鯨を維持し、より充実させ、持続的商業捕鯨の再開を一貫して主張することが大切で、これは、海洋国家である日本に課せられた使命でもある。人類の将来の食糧のあり方を考えるためにも、わたしたち一人ひとりの責任は、本当は大きいのである。

本書紹介店リスト

徳家《とくや》
住所　大阪市中央区千日前1-7-11 Kamigata Bild 2階
電話　06-6211-4448、06-6211-1093
営業時間　平日　16：00～23：00（オーダーストップ 22：00）
土・日曜、祝日　12：00～23：00（オーダーストップ 22：00）
定休日　一月一日

駒形《こまがた》どぜう
住所　東京都台東区駒形1-7-12
電話　03-3842-4001
営業時間　11：00～21：00（一月二日～五日は、～20：00）
定休日　年中無休（事前に要確認。大晦日と元日は休み）

本書紹介店リスト

くじら料理の店「ぴ〜まん」
住所　千葉県南房総市和田町仁我浦１１４
電話　０４７０‐４７‐４４４６
営業時間　１１：００〜１９：００
定休日　不定休（事前に要確認）

鯨安《くじらやす》
住所　兵庫県明石市本町１‐２‐１４
電話　０７８‐９１７‐１８３６
営業時間　１０：００〜１７：００
定休日　木曜（一二月は、第一木曜のみ）

太地《たいじ》漁業協同組合直営スーパー
住所　和歌山県東牟婁郡太地町太地３１７１‐１

電話　0735-59-3517
営業時間　08：30～20：00
定休日　一月一日～三日

土佐料理 司《つかさ》 高知本店

住所　高知県高知市はりまや町1-2-15
電話　088-873-4351
営業時間　平日　11：30～22：00（オーダーストップ　21：15）
日曜・祝日　11：30～21：30（オーダーストップ　21：00）
定休日　年末年始

下関くじら館

住所　山口県下関市豊前田2-6-2
電話　083-232-2559

営業時間　17：00〜23：00（昼は応相談）
定休日　不定休（年始は二日より、お盆は営業）

味処長州くじら亭

住所　山口県下関市岬之町16−3
電話　083−223−0615
営業時間　平日、祝日　ランチ　11：00〜15：00（オーダーストップ　14：30）
ディナー　17：00〜21：00（オーダーストップ　20：30）
日曜はランチのみ営業
定休日　火曜（お盆・年末年始は休み）

直売店　魚餐《ぎょさん》

住所　山口県下関市岬之町16−1
電話　0120−741−473

営業時間　平日、祝日　10：00～18：00
　　　　　日曜　10：00～17：00
定休日　火曜（お盆・年末年始は休み）

和食処　味彩《あじさい》
住所　長崎県南松浦郡新上五島町有川郷2610
電話　0959-42-3765
営業時間　ランチ　11：30～14：00（オーダーストップ　13：30）
　　　　　ディナー　17：00～22：00（オーダーストップ　21：15）
定休日　水曜、第三火曜（繁忙期は開店）、一二月三一日および一月一日
備考　予約状況により休日や営業時間に変更があるため、事前確認のこと

有限会社　松浦漬《まつうらづけ》本舗
住所　佐賀県唐津市呼子町殿ノ浦5

電話　0955-82-0180
営業時間　08：30〜17：30
定休日　一月一日、二日

土佐料理祢保希《ねぼけ》　銀座店
住所　東京都中央区銀座7-6-8西五番街通り
電話　03-3572-9640
営業時間　平日　17：00〜22：30（オーダーストップ　21：30）
土曜　16：00〜21：30（オーダーストップ　20：30）
定休日　日曜、祝日

樽一《たるいち》
住所　東京都新宿区歌舞伎町1-17-12　第1浅川ビル5F
電話　03-3208-9772

営業　17：00〜23：00（オーダーストップ　22：00）
定休日　日曜、祝日

くじらの店 捕鯨船

住所　東京都台東区浅草2−4−3
電話　03−3844−9114
営業時間　平日　17：00〜22：00
土・日曜、祝日　16：00〜22：00
定休日　木曜（休日は休みの場合があるため、事前に要確認）

元祖くじら屋

住所　東京都渋谷区道玄坂2−29−22（渋谷109横）
電話　0120−880−920
営業時間　ランチ　平日　11：30〜14：30（オーダーストップ　14：00）

土・日曜、祝日　11：30〜17：00
ディナー　平日　17：00〜22：30（オーダーストップ　21：40）
土・日曜、祝日の前日　17：00〜23：30
（オーダーストップ　22：40）
定休日　第一および第三月曜

おわりに

本書の執筆にあたり、多くの方々の労をわずらわせた。本書は、多くの意味でこれまでの「クジラ本」にはない、新しい要素を取り入れ、まとめ、分かりやすく読者に提供している。

新しい要素とは、なかなか文献・資料が残っていない食文化を切り口にしているという点である。人間は、普段の生活の一切である「食」については、当たり前すぎて、ほとんど記録を残していない。その意味で、本書を執筆することは大きなチャレンジであったが、『鯨肉調味方《げいにくちょうみがた》』や『土佐《とさ》捕鯨史』などの多数の記録をひもとき可能となった。実際に、現在も「食」や「料理」にたずさわっている人々から貴重な情報提供とご指導をいただいた。特に「日野商店」の日野浩二会長には「日本くじらベーコン史」をご教示いただいた。

本書執筆を機に、あらためて「一浦がクジラを一頭捕れば、七郷がうるおう」の意味をじっくり吟味してみた。その意味とは、現在わたしが政策研究大学院大学で教鞭《きょうべん》をとる「リーダーシップ改革論」講座のメインテーマにも重なるのだが、「人間はなぜ、他人や社会のために働こうとするのか。それは公共奉仕が、人生に生きがいを感じさせ、幸福感を与えてくれるからだ」ということだ。捕鯨は、巨大な生物を相手にするため、共同作業が必要であり、獲得した鯨肉は多くの人々に分け与えられ、大いなる喜びをもたらす。よって捕鯨の現場には、大自然に生きる幸福感や、他人に対する感謝の気持ちが満ちあふれている。この歴史的事実を摘出《てきしゅつ》することにつとめたのが、本書の存在意義であり、はじめての試みでもあった。

この新しい着想に基づき本書の企画を立案したのは、祥伝社新書の堀裕城氏である。あらためて同氏の新たな着眼点に敬意を表したい。また、日本鯨類研究所の大隅清治博士(元同研究所所長)には、重要かつ細部にわたるご指摘をいただいた。「ハルコーポレーション」の山本徹社長にも、原稿へのアドバイスをいただいた。本書の執筆に関して、基礎となる資料の収集分析などについて労をとられ協力していただいた、「風工房」の山口裕之社長と山下真史氏に心からの感謝の意を表したい。

最後に、東日本大震災で亡くなられた方々とそのご遺族には心からお悔やみ申し上げ、被災された方々に衷心よりお見舞い申し上げますと共に、一日も早い復興と再生が達成されることを願っております。合掌

二〇一一年六月

小松正之

切りとり線

★読者のみなさまにお願い

この本をお読みになって、どんな感想をお持ちでしょうか。祥伝社のホームページから書評をお送りいただけたら、ありがたく存じます。今後の企画の参考にさせていただきます。また、次ページの原稿用紙を切り取り、左記まで郵送していただいても結構です。

お寄せいただいた書評は、ご了解のうえ新聞・雑誌などを通じて紹介させていただくこともあります。採用の場合は、特製図書カードを差しあげます。

なお、ご記入いただいたお名前、ご住所、ご連絡先等は、書評紹介の事前了解、謝礼のお届け以外の目的で利用することはありません。また、それらの情報を6カ月を超えて保管することもありません。

〒101―8701（お手紙は郵便番号だけで届きます）
祥伝社新書編集部
電話03（3265）2310
祥伝社ホームページ　http://www.shodensha.co.jp/bookreview/

★本書の購買動機（新聞名か雑誌名、あるいは○をつけてください）

＿＿＿＿新聞の広告を見て	＿＿＿＿誌の広告を見て	＿＿＿＿新聞の書評を見て	＿＿＿＿誌の書評を見て	書店で見かけて	知人のすすめで

★100字書評……日本の鯨食文化

名前

住所

年齢

職業

小松正之　こまつ・まさゆき

1953年、岩手県生まれ。東北大学卒業。エール大学経営学大学院（MBA）修了。東京大学農学博士。

1977年に農林水産省に入省後は、水産庁「資源管理部参事官」「漁場資源課長」などを歴任。一貫して国際交渉畑を歩み、IWC（国際捕鯨委員会）、CITES（ワシントン条約）、FAO（国連食糧農業機関）などの国際会議に日本代表として出席する。

現在は国立「政策研究大学院大学」教授として教鞭をとり「リーダーシップ論」を講義している。

著書は、『クジラは食べていい』『日本人とクジラ』『これから食えなくなる魚』『さかなはいつまで食べられる』『宮本常一とクジラ』『劣勢を逆転する交渉力』『日本の食卓から魚が消える日』『世界クジラ戦争』など多数。

日本《にほん》の鯨食文化《げいしょくぶんか》

世界《せかい》に誇《ほこ》るべき“究極《きゅうきょく》の創意工夫《そういくふう》”

小松正之《こまつまさゆき》

2011年6月10日　初版第1刷発行

発行者……………竹内和芳
発行所……………祥伝社《しょうでんしゃ》
〒101-8701　東京都千代田区神田神保町3-3
電話　03(3265)2081(販売部)
電話　03(3265)2310(編集部)
電話　03(3265)3622(業務部)
ホームページ　http://www.shodensha.co.jp/

装丁者……………盛川和洋
印刷所……………萩原印刷
製本所……………ナショナル製本

Printed in Japan　ISBN978-4-396-11233-2　C0295

大学で何を学ぶか

二〇〇九年五月二十日　第一刷発行
二〇二五年三月二五日　第七刷発行

著者◎加藤諦三

発行者◎鈴木康成
発行所◎株式会社ベストセラーズ
東京都文京区音羽一-一五-一五
シティ音羽二階　〒112-0013
電話　03-6304-1832（編集）　03-6304-1603（営業）
装幀◎フロッグキングスタジオ、坂川事務所
印刷製本◎錦明印刷
DTP◎オノ・エーワン

ISBN978-4-584-12230-3　C0230　Printed in Japan

ベスト新書
230

加藤諦三（かとう　たいぞう）

1938年東京生まれ。社会心理学者。東京大学教養学部教養学科を卒業、同大学院社会学研究科修士課程を修了。早稲田大学名誉教授、元ハーバード大学ライシャワー研究所客員研究員、日本精神衛生学会顧問。ニッポン放送の最長寿番組「テレフォン人生相談」レギュラーパーソナリティとして半世紀以上にわたり出演、相談者の悩みに向き合っている。著作は文庫を含めると600冊以上、海外での翻訳出版されたものは約100冊、アメリカ、カナダ、ドイツ、フィリピン、韓国など世界中で、講義、講演を行なっている。外国の著作で日本語に翻訳したものは、40冊以上。小社からは他に『どうしても「許せない」人』『自分の人生を生きられないという病』『心の資産を高める生き方』（ベスト新書）がある。「加藤諦三HP」は以下。
http://www.katotaizo.com

三楪綾音

絵＋文 900キャメル：画流

"音楽のきらめき"、こんなにも美しい世界があるなんて、と心を奪われます。ぜひ手に取ってみてください。

佐賀潤

絵＋文 10000キャメル：画流

青春を謳歌する少女たちが、自分の殻を破ってもがき苦しみながら[羽撃き]、やがて飛び立つ姿が目に浮かぶようなイラストです。

山本進中

絵＋文 10000キャメル：画流

『グラニュー糖のかけら』の装画が目を惹きます。この作品をぜひ読んでみたいと思わせる一冊。

四宮千晶

絵＋文 980キャメル：画流

日常の何気ない一コマを、一枚の絵として切り取ったような作品。「6月の雨粒」がおすすめです。

響＋首絵

絵＋文 900キャメル：画流

ノスタルジーを感じさせる作品たち。「オレンジの夕日を追いかけて」がおすすめ。イラストレーターとしての今後の活躍が楽しみです。

ベスト絵本作家選出社